今だから話せる
泥棒日記

青木一成

KKベストブック

まえがき――「泥棒」なうの陶酔感

私は20歳の頃から50年以上、法律に背き悪業を続けてきた。儲けた金は約5億8000万円。前科21犯。奈良、大阪、京都、名古屋、神戸。以上の刑務所に服役した年数、約42年と人生の大半を刑務所で暮らしてきた。まさに昭和と平成を駆け抜けてきた現代版の浦島太郎である。

では、一度しか生きられない貴重な人生をどうして真面目に生きてこられなかったのか、と読者の方は首を傾げるだろう。

どんなに苦労しようが、親兄弟を泣かせようが、泥棒から足を洗えなかった理由は一体なんなのか……。

答えを出そう。「泥棒」という名の窃盗犯は、強盗や恐喝のように恫喝、あるいは殺人までして金を奪い取るのではなく、技術を用いて家人の知らぬ間に金を盗んで逃走してしまう。

誰にも発見されることなく屋内に侵入したときの陶酔感は、麻薬を打ったときのような作用をしてしまうのである。もちろん、大金を見つけたときの喜びもたいへん大きなものがある。

しかし、金を発見する前の状態、屋内に侵入したとたんにわき上がってくる、脳がしびれるような快感こそが、「泥棒」の快感の極致なのである。

それが夜の忍び込みや、昼間の空き巣から足を洗えない最大の理由といっていいだろう。だからこそ、私は50年以上も悪業を続けてきたといっても過言ではない。

勝負師は勝って嬉しいのは当然のことだが、金を張って、勝負の結果が出る直前の快感がたまらないという。

それと同様に、私にとっても誰にも気づかれることなく屋内に侵入した瞬間の、あの陶酔感こそ「泥棒」なう、そのものである。

私はそのように、半世紀以上にわたって勝負を続けてきて、「泥棒」なうの陶酔感の中に、一生を過ごしてきたのだ。

だが私も寄る年波には勝てず、現在は悪事から足を洗って、世間の片隅で静かに余生を過ごしている。

なお、本書は私が半世紀以上にわたって犯してきた数千に及ぶ犯罪の中から、笑いと涙の人生劇を厳選して13編の短編にまとめたものである。また最後には、これまでの罪滅ぼしのために、〝プロの泥棒が教える防犯対策〟を添えた。

何かとストレスが蓄積する日常生活において、本書を手にとり、

「世の中にはバカな男がいるものだ！」

と一笑にふし、気分を新たに明日への原動力にしていただければ、私もペンを持った甲斐があった、と思う次第である。

青木一成

（本書には、現代の言葉遣いとして不適切な表現がいくつか出てまいりますが、時代背景や事件現場のリアリティを考慮して、著者の原文を尊重いたしました。ご理解くださいますようお願い申し上げます。

編集部）

目次

目　次

老盗の涙

●京都刑務所にて

京都刑務所で服役していた私は、昼食後の休憩時間に山口俊二（38歳）が、4～5人の友人に囲まれて雑談しているのに心を惹かれ聞き耳を立てた。

「――いやぁ、あのときは俺もびっくりしたよ。夜中の2時頃だったかな……、八百屋に忍び込んで廊下を歩いていると、部屋の中からいきなり黒いものが飛び出してきたんだよ。それはもうびっくりするどころじゃなかった。気絶するところだった……」

「はっはっは……、泥棒と泥棒が鉢合わせとはそのことなんだな。家人と顔を合わすことはたまにあるだろう。でも、泥棒と泥棒が鉢合わせするなんて嘘のような話だが、たまにはそんなこともあるんだね」

山口俊二の前に座っている小島民夫（30歳）が真っ白い歯を光らせて破顔した。

「しかし相手の泥棒も仰天しただろうね。自分が入った後からほかの泥棒が入ってきたのだから……」

「そうだよ。びっくりしたらしく叫び声を出したので、家の人が飛び出してきてさ。俺も奴の後ろから表に逃げ出したんだ。本当にあのときは仰天したよ」

山口の変化する表情に、取り巻き連中の哄笑が食堂の空気を震わせた。

彼の話を盗み聞きしていた私は、侵入した家で泥棒どうしが顔を合わせるなんて、千に一つもあるものか。いい加減なホラを吹きやがって、と思いつつその場を後にしたのだった。

しかし山口のホラ話が現実となって自分の身に起きるとは、その時点では知る由もなかったのである。

●ホラ話が現実に！

その日から1年が経過した4月の半ばに京都刑務所を出所した私は、〝三つ子の魂、百まで〟とかで再び悪事を重ねるようになっていた。

その夜、盗んだ車で国道42号線を新宮《しんぐう》方面に走っていた私は、串本を過ぎてまもなく左折して古座《こざ》町に車首を向けた。

時間は午前1時。これから朝の4時頃までが家人も熟睡している可能性が高く仕事がしやすいのだ。車の速度をゆるめ商店街を物色しているうちに、侵入しやすそうな酒店を見つけた。

二階建ての大きな酒店はほかの商店と同様にシャッターでガードされているが、隣家との間に路地が黒い口を広げている。そこから家屋の裏口に行けば侵入できる可能性が高くなるのだ。

表は鋼鉄のシャッターで守られていても、〝頭隠して尻隠さず〟、の例えで、裏に回れば台所の入口や、便所の窓、浴室の窓と侵入しやすい箇所が3か所もあるのだ。家屋の弱点でもある路地を進んで酒店の裏に向かった。

そこには塀もなく5~6坪ほどの広さがある裏庭に、大小の植木鉢が12~13個ほど並べられ、青葉や色とりどりの花弁が懐中電灯の光で浮き上がって見えた。

どこから侵入しようかと、懐中電灯を台所の入口に向けた瞬間、私は目を見張った。台所のガラスが三角状態に割れているのだ。それは家族の誰かが割ったのではなくて、泥棒の仕業であることは一目瞭然である。

先客があったのだろうか? それとも以前に割られたのを修理せずに放置してあるのか? いや、一度泥棒の被害にあった家人が不用心なことをするはずがない。

となれば、今夜、私より先に侵入した犯人が出て行った後だろうか、それともまだ屋内に潜んでいるのだろうか……? それなら危険だ。家人に発見された泥棒が動転して、相手を刺殺した事例も過去にあったことである。

その場に佇み、侵入しようかそれとも引き返すべきか……、しばらく迷っていたが、好奇心の強い私は、泥棒が屋内にいるのならどんな奴だろう？　と思う魅惑に勝てなかった。

●泥棒爺さんの身の上話

懐中電灯の光が周囲に広がらないように細工をした私は、台所から廊下に出て店舗に近づいていった。

廊下と店内を仕切る暖簾をゆっくりかき分けると、店内に薄い明かりが広がっているのだ。侵入した泥棒が店内を物色しているのに違いない。

私の心臓が大きく鼓動した。とっさに懐中電灯の光を消して様子を見ると、コンクリートの上に座った老人が、意味不明の呟きを漏らしながら一升ビンの酒をラッパ飲みしているのだ。

老人の顔を膝元に立てかけられている懐中電灯の光が闇の中に浮上させている。シワの多い顔から72～73歳と思われる。薄茶色の登山帽をかぶり、同色の作業着を着用した痩身の老人は、よほど酒好きらしく、持ち上げた一升ビンの酒が半分ほどになっている。同業者が暖簾の間から覗いているのも知らずに、

「無料《ただ》ほど美味い酒はないのう……」

と、目を細めながら独り言を言っているのは、酔っぱらって他人の家に忍び込んでいるのを忘れているからだろう。

「あぁ、美味い。美味いのう……」

最初は、この野郎！　俺より先に荒らしやがって、と思いながら老人の挙動を覗いているうちに可笑しくなってきた。

「これで刺身でもあればのう……」

泥棒に入った家で酒まで飲んで、刺身でもあれば……、とは厚かましいにもほどがあるが、お菓子を与えられた子供と同じで、目を細めている姿は憎めない。

その様子を見ていた私は、人柄も温厚そうで凶器も持っていそうにないので、この家の主人に化けて驚かせてやろうか、と悪戯心が湧いてきたのだった。

懐中電灯の光をいきなり老人の顔に向けた。

「コラッ、泥棒！　酒なんか飲みやがって！」

同時に怒声を発した。

「ワーッ！」

老人が悲鳴を上げた。

「バカたれ！　大声を出すな。びっくりするやないか」

二階の家人が目覚めたのでは？　と耳を澄ましたが異状はない。

「すいません。旦那さん」

ガマ蛙のようにコンクリートの上に両手をつくと、深々と頭を下げた。私をこの家の主人と思っているのだろう。

「なにがすいませんや。泥棒に入って酒まで飲むとは……」

「すいません。飲んだ酒は弁償させて頂きますので許してください」

「どアホ、何回頭を下げても許すことはできん。今から警察に電話するからな」

電話機に歩み寄ると、

「旦那さん！　それだけは勘弁してください。お願いします。お願いします……」

私にとっても警察ほど苦手で嫌なものはないが、老人も同じらしく涙を流しながら額をコンクリートの上にこすりつける。

「警察がそれほど怖いのならなんで泥棒をするんや、爺さん」

「はい！　金が欲しいものですから……」

「どアホ！　子供が答えるような返事をするな。俺が聞いたのは、警察が怖いのになんで泥棒をするのか？　と聞いたんや」

「なんで！　って聞かれても困るのですが……。やっぱり金が欲しいから、としか答えようがないですよ。旦那さん」

私を見上げ、シワに囲まれた目をしょぼつかせた老人は、

「本当にすみません。つい出来心で侵入してしまったのです。もう二度と泥棒はしませんので許してください。お願いします」

「爺さん。今、出来心で入ってしまったと言ったが、そうすると泥棒をするのは今夜が初めてか……？」

「はい！　今夜が初めてなんです。今日まで悪いことなんか一度もしたことがなかったんですが、つい魔がさしましてお宅にお邪魔させて頂いたという次第なんです」

「バカタレ！　なにが、お邪魔させて頂いた、じゃ。泥棒がそんな敬語を使うと可笑しくてヘソが茶をわかすぞ。それに今夜が初めてなんて嘘をつくな。ええか。初めて他人の家に侵入した泥棒が、あぐらをかいて酒など飲むゆとりがあるものか。初めてどころか爺さんは、日本中にその名を轟かせている大泥棒だろうが……」

「と、と、とんでもない。大泥棒なんて……。本当に初めてなんですよ」

懐中電灯の光の中で、老人が右手を大きく左右に振って否定した。

「そうか、正直に白状するのだったら許してやろうかと思ったが、嘘八百を並べ立てるなら警察に逮捕してもらうからな」

「すみません。それでは正直に申し上げます。実は今夜で2回目なんです」

「2回目？　嘘をつくな。2回目の泥棒が大酒を飲んで『これで刺身でもあれば……』なんて悠長なことを言うか。承知せんぞ、嘘の連発をしとったら」

「申し訳ありません。実は今まで二百回ほど泥棒をしてますんや」

「そうだろうな……。台所のガラスを三角状態に割って鍵を外すなど、駆け出しの泥棒にはできん手口で、これはベテランの仕事師だと思ったよ」

「とんでもない。ベテランの仕事師だなんて、ほんの駆け出しなんですから」

老人は再び右手を左右に振った。

「よく言うな、ほんの駆け出しだなんて。二百回も泥棒をすればベテランの上に、大、の字がつくぞ。なあ、爺さんよ」

「旦那さん。そんなに誉めないでくださいよ。恥ずかしいですから……」

「バカタレ！　誰が誉めた。呆れて言ってるんや。二百回も泥棒をするなんて……」

「すいません。旦那さん」

「あのな、爺さん。その年からすると親はもう生きていないと思うが、爺さんの情けない姿を見たら奥さんや子供さんが泣くぞ」

「はい、旦那さんの言うとおりです。二親は他界しておりませんが、女房や子供がいたらきっと悲しむでしょうね」

「――と言うと、爺さんには家族がいないのか？」

「いいえ、以前は女房と娘が一人いたのですが、娘が3歳になったとき、男と一緒に姿を眩《くら》ましてしまいましてね……」

「――そうか、いろいろ事情があるようだけどよければ話を聞かせてもらえんかな」

「はい、わかりました」

「今、子供が……、と爺さんは言ったけど、女の子はどうしたんや？」

「3年前に白血病で亡くなったんです」

「えっ、亡くった。そうか……。親より先に亡くなるなんて親不幸な娘さんやな」

「そうですよ、旦那さん。わしよりも先に亡くなるなんて……」

老人の顔が曇って鼻声になった。

「……」

「琴世が……。あ、琴世というのは娘の名前なんですが、あの娘が生まれたのが私が58歳のときでした」

「ずいぶんと遅くなってからの子やね」

「はい。そうなんですよ。縁がないというのか、58歳のときまで独りでいたのですが、ある日のこと飲み屋で働いていた安江と知り合いになりましてね。27歳も年が離れているのに気が合いまして……」

「ほう、27もね……」

「はい。それで一緒になって1年後に琴世が生まれましてね。自分で言うのもなんですが、かわいい娘でして、小さな手足をばたつかせている姿を見ていると、神様に感謝したいほど、幸せな気分になったものです」

老人の目に涙が溢れた。

「そうやろうね。年をとってから生まれた子供ほどかわいいと言うからな。それだけ親子でいることの世の時間が短いから、かわいさが倍増するんやね、きっと……」

「そうですよ旦那さん。小さな身体を抱き上げて頬ずりをするたびに、この娘が嫁に行くまではなんとしても生きていなければ、と思ったものです」

「そうやな、それが父親の愛情でもあり責任だから」

「そうですね。それから親子三人の幸せな日々が3年ほど続きましたが、琴世がかわいいさかりの3歳のとき、安江が『事情があって家を出ますが、琴世をよろしくお願いします』と、簡単な置き手紙を残して姿を眩ましてしまったのです」

「そうか……。どんな事情があったのか知らないけど、自分の腹をいためて産んだ娘を置き去りにするなんて薄情な女やね」

「そうですよ、旦那さん。飲み屋で働いていたので男ができたのでしょうが、色情に取り憑かれた女ほど始末の悪いものはありません。自分が幸せになるためならゴミでも捨てるように、我が子を置き去りにしていくのですから……」

懐中電灯の光に浮上した老人の顔に憤《いきどお》りの色が浮かんだ。

「わしはね、旦那さん。我が子を捨て男と逃げてしまうような女には、これっぽっちも未練なんかないのですが、残されたあの娘が不憫でしてね」

「……」

「あの娘は『母ちゃん、どこへ行ったの？　いつ帰ってくるの……』と、涙の乾く日がないのですよ」

老人はリュックサックからタオルを取り出して顔を拭った。

「かわいそうに……。3歳といえば母親に甘えていたい年頃なのに」

「わしはその度にあの娘に見られないように物影で泣いたものです」

私は口に出す言葉もなく大きく頷いた。

「わしはその当時、小型車に魚や野菜を積んで行商に行っていたのですが、あの娘が寂しがるので助手席に乗せていくようにしたのです。そうするとですね。女の人の後ろ姿を見る度に『あっ、お母ちゃん！』と、小さな指を向けるんですよ。きっと母親に見えるんでしょうね……」

再び老人の目に涙が光った。

「そうか、哀れやな。他人が母親に見えるなんて。それで奥さんからは、その後、なんの連絡もなかったの？」

「いいえ。それが一度だけあったんですよ。あれは琴世が亡くなる……」

「何歳で亡くなったんや？」

「はい。あの娘は15歳のときに亡くなったのです」

「15歳か……」

「あの娘が亡くなる1年ほど前のことでした。一度でいいから琴世に会わせてほしい、と電話があったのです。男と別れて那智勝浦の旅館で働いているとのことでした」

「そうか。色に狂って家を飛び出してしまった女でも、我が子のことだけは忘れていなかったのか」

「そうですね。今さらなにを勝手なことを言っているのだ！　と思いましたが、なんといってもあの娘の母親ですから琴世が『会いたい』と言えば会わせてやろうと思いまして、事情を話したのです。ところが……」

　老人の目に再び涙が滲み出た。

「――あの娘は『私の親は父ちゃんだけですから断ってください！』と、強い口調で首を横に振ったのです」

　指先で涙を拭うと、

「これは、わしに気を遣《つか》っているのだろう、と思いまして、そんなことを言わずに一度だけでも会ってやりなさい、なんといってもお前の母さんなんやから。わしに気を遣わんで会ってやりなさい、と言ったところ『そんなことを言わないでください。父ちゃんが、今までどんな苦労をして私を育ててくれたか。それを思うと会う気になどなりません！』と、頑として首を振らないのです」

「そうか……、心のやさしい娘さんやね。きっと爺さんに対する思い遣りが心の枷《かせ》になっているんだろうね……」

大きく頷いた老人が鼻を啜《すす》った。

「今、会っておかんといつの日にか後悔することになるぞ、と何回も諭したのですが……」

「――それで、娘さんは亡くなるまで母親に会わずか……」

「そうなんですよ。一度も会うことなく、母親の名前も口にすることなく息を引きとりました」

「そうか。かわいそうにな……」

呟く私の心も重かった。

「しかしですね、旦那さん。あの娘が亡くなってから遺品の整理をしていますと、一字も記載していないノートに挟んである安江の写真が出てきたのです。タンスの中に隠していたのですが見つけて持っていたのでしょう。写真は日々取り出して見ていたらしく、手垢で変色していましたね」

「そうか……。娘さんはどんな気持ちで母親の写真を毎日、見てたのかな。それを思うと哀れやな」

呟いた私の脳裏に、逢ったこともない彼女の幻影が浮かんだ。

「はい！　写真を見たときは涙が出て止まりませんでした。あまりにもあの娘がかわいそうで……」

　私は無言で頷いた。

「今も言いましたようにノートには一字も書かれていませんでしたが、あの娘は……」

　老人の言葉が震えだした。

「――あの娘はですね、旦那さん。ノートには書いていなかったですが、誰も見ることのできない『母ちゃん……』という字を心の中に書いてあの世に持っていったのでしょう。それを思うと胸が痛くなりましてね。あの娘を引きずってでも安江に会わせてやればよかった、と今でも後悔しています」

「そうやな。爺さんも辛かったやろうね。15歳で死んでしまうなんて。通常であれば70年も80年も生きていただろうにね……」

「そうですよ、旦那さん。親のわしを独りにさせて旅立ってしまうなんて、親不孝な娘ですよ、琴世は……」

「そうだね。宿命とはいえあまりにも短い人生だからね」

「ほかの病気なら治る可能性もあるのですが、白血病では運がなかったとしか言いようがありません」

「……」

「白血病は、医学の進んだ現在でも治癒が難しいとかで、日々痩せていくのを見ると辛くて、辛くてですね」

「そうだろうね。我が娘が苦しみ痩せ細っていくのを見ているのは……」

「はい。代わってやれるものなら、と何回思ったかしれません。琴世が息を引き取る寸前にですね、『父ちゃんのそばにいつまでもいたいよ』と、枯れ木のように細くなってしまった手で、わしを掴んで離さないんですよ。『よし、よし、父ちゃんはいつも琴世のそばにいるから安心して少し眠りなさい』、と言ってやるとですね、落ち窪んだ目に笑みを浮かべて瞼を閉じたのですが、それがあの娘の最後になってしまいました」

老人の目から涙が溢れだした。

「人生これから、という年やのにな」

「そうですよ、旦那さん。母親の愛情にも恵まれることなく、女としての幸せを掴むこともできず遺《い》ってしまったのですから、本当に哀れな娘でした。琴世は……」

鼻声を出した老人は、ジャンパーの袖で荒々しく涙を拭った。

「娘さんも哀れやが、爺さんも辛い人生を歩んできたんだね……」

「はい。娘と一緒に暮らしていた頃は、苦しいことがあっても、辛いなどと思ったことは一度もありません。琴世が嫁に行くまでは、と必死に頑張ったものです」

「……」

「そんなときにですね、旦那さん。琴世が亡くなったものですから、生きる張り合いがなくなってしまいましてね。酒に溺れ、人様に迷惑ばかりかけるようになってしまったのです」

「なるほど……。爺さんの気持ちはよくわかるけど、そうかといってそんな自暴自棄な生活をしていたら、あの世で娘さんが悲しむぞ」

「そうですね。旦那さんのおっしゃるとおりです。今のような生活をしていたらあの世で琴世に合わす顔がありません。今夜こうして旦那さんとお会いしたのもなにかの縁だと思いますので、これを機会に心を入れ替え、明日からは真面目に働くことにします。今夜はご迷惑をおかけし、本当に申し訳ありませんでした」

コンクリートの上に両手をつき、深々と頭を下げる老人の姿から真実が伝わってきた。

「爺さんが言ったように、これからは真面目に生きて娘さんの菩提を弔ってやるのが親としての務めだと思うから……」

老人は無言で頭を下げげた。

「すいません、旦那さん。おっしゃるとおりです。明日、あの娘の墓参りに行ってくることにします。久しく行っていませんので琴世が喜ぶことでしょう」

◇　◆　◇

老人の涙で曇っていた目が、一瞬、明るくなった。

明日、久しぶりに会った父と娘は、墓前でどのような会話を交わすのであろうか……。

何度も頭を下げながら去って行く老人の痩せた後ろ姿に、私は数十年後の自分の姿を重ね合わせた。

警察官に化けた泥棒

●警察官の犯罪

以前、大和高田署の警察官が、神戸の暴力団員三人と共謀のうえ、奈良県内の金融業者を拉致して5000万円を奪う事件が起きた。

しかし、警察の必死の捜査により6か月後に、強奪犯は芋づる式に逮捕され、主犯が懲役12年、元警察官であった森田弘次（28歳）が懲役7年の宣告を受けた。

まさに警察の威信を失落させる事件であり、世間の注目を浴びたものだが、過去にも強盗や泥棒をした国家公務員がいたことは事実であって、それほど珍しいことではない。

だが、泥棒をする警察官がいても、泥棒が警察官になることは絶対にあり得ないことである。もし、そんなことになれば社会秩序が乱れて世の中がひっくり返ってしまうだろう。

ところがいたのである。警察官になった泥棒が……。それは私だ！　呆れかえる事件をこれから話すことにしよう。

●目当ては改造拳銃の弾丸

あれは窃盗罪で4年6か月の判決を言い渡された私が、大阪刑務所で服役中のことだった。

定員100名の金属工場で働いていた私は、中岡吾郎（36歳）と友人になった。彼は覚醒剤の使用で2年の刑に服している極道であるが、社会での副業は、当時社会で流行していた改造拳銃の売人で、本人も改造に手を染めているとのことである。

その彼が、

「青木さん、娑婆に出たらライフル銃の弾丸《まめ》を持ってきて欲しい。一発1000円で買うから」

と言ったのだ（改造の拳銃には45口径や38口径の大きな弾丸は不向きで、ライフル銃に使用する小さい22口径のものが適している）。

一発1000円だと1000発で100万円になる。これはいい仕事だ。ライフル所持者の自宅か銃砲店に侵入すれば、10000発や20000発はあるだろう。私は即座に返答した。

「任せておけっ！」

と。

私はその日から2か月後に、残刑が9か月となっていた中岡と再会を約束して、大阪刑務所を満期出所した。

逮捕されて以来5年近くも塀の中に閉じ込められていると、刑務所ボケして当分の間は社会になじめない。無理をすればドジを踏んですぐ逮捕されてしまう可能性が高いのだ。

それらの事情を考慮した私は、社会に慣れるまで、と和歌山市内のパチンコ店で働くことにした。保証人も身分証明の必要もなくすぐに雇ってくれる遊戯店ほど、刑余者にとってありがたいものはない。

韓国人の経営者の待遇は良く申し分なかったが、入店してから7か月目に店を飛び出した。服役中の中岡吾郎があと3か月ほどで釈放になるので、約束を果たすためである。

その後、和歌山、三重、奈良の三県を荒らしながら22口径の弾丸を2000〜3000発ほど窃取しようと、入手の手段にとりかかったのである。

まず銃砲店に忍び込んで盗もうと、奈良県内の店に侵入したのだが、猟銃やライフル銃の弾丸は管理が厳しく、手に負えないのだ。それなら明日の夜、ほかの銃砲店に侵入しようか、と思ったが、どこの銃砲店も管理の厳しさは同じだろう、と中止することにした。

それならライフル銃の所持者から盗めば、と思ったが、誰がライフル銃を持っているのか？　所持者の住所氏名がわからない。

考えた結果、名案が浮かんだ。

ライフル銃の所持規制は厳しく、猟銃を購入して10年間、無事故でなければ所持許可を得られない。そのため所持者名簿は、銃砲店などにそれぞれ保管されているはずである。その名簿を盗むか、店主から所持者の住所を訊くことにするか、と思ったが一般の人間では教えてくれないだろう。

……。

●警察官の制服が欲しい

なんとかいい方法はないものかと考えているうちに、名案が脳裏に浮かんだ。警察官に化ければ

警察官の制服を着用して手帳を見せれば、店主はおろか誰だって信用するだろう。その調子で銃砲店を訪れ、

「最近、大阪や和歌山で改造拳銃が流行していましてね。それらの銃に使用する22口径の弾が、ヤクザの間で取り引きされているのでわれわれも頭を痛めているのです。弾はおそらくライフル銃を所持している者が流したと思われますので、22口径ライフル銃を所持している方の名簿を見せて頂きたいのです」

そう言えば、二つ返事で応じるだろう。

心の中で自問自答を繰り返した私は、さっそく警察官の服や手帳を求めて車を走らせた。

ターゲットは駐在所である。そこなら制服や手帳はおろか拳銃も置いてあるだろう。国道42号線を流しているうちに、御坊市の郊外で適当な駐在所を見つけた。

丸くて赤いランプが点いた玄関には鍵が掛けられていなかった。駐在所に侵入する物好きな泥棒

はいないだろうと思っているに違いない。

6畳の部屋で仲良く寝ているのは夫婦であろう。寝息を窺いつつ壁にかけてあるハンガーから制服を外して、空室になっている隣の部屋で試着してみると、横綱が着るようなもので話にならない。

制服はほかの駐在所で盗むとして、手帳と拳銃だけでも持ち出してやろうと枕元のホーム金庫を持ち上げようとしたがビクともしない。金庫は床にボルトで固定してあるのだ。やむなく退散することにした。

その後、奈良県内の駐在所に侵入したが今度は服が小さくて着れない。なんとか身体に合う服はないものかと五條市の国道を走っていると、五條署が目に飛び込んできた。木造の古い建物である。

車を空き地に停めて玄関に忍び寄ると、カウンターの後方で、ペンを走らせているワイシャツ姿の警察官が見えた。

ここから侵入することはできないが、裏に回れば突破口があるのでは？　と暗い路地を進んで行くと、ブロック塀の内側に電灯の点いていない窓が見えた。高さ2メートルほどのブロック塀を乗り越えた私は、くもりガラスをドライバーで割って室内に侵入した。

そこは衣類ロッカーが20ほど並んでいる更衣室だった。これだと駐在所をまとめて荒らすようなものだ。ピッタリ合う制服があるだろうと、試着を繰り返しているとほどなく見つかった。そのうえ胸ポケットから警察手帳まででてきたのである。

所持者は53歳になる巡査部長で、写真の顔を見ているうちに心が痛んだが、泥棒にとって情けは無用。その後、廊下の壁に吊り下げてある帽子、白バイ用の白い革帯、警棒の三点を窃取してその場を後にしたのだった。

それから二日後、和歌山市内の玩具店で38口径の拳銃（警察官が腰に下げている拳銃と同型）皮ケース付きと、白い革帯を塗りかえてしまう茶色の噴射式エナメルを買った。

●我を忘れる自分の姿

その夜ビジネスホテルに投宿した私は、巡査部長の制服を着用。茶色に塗りかえた革帯に玩具の拳銃、警棒を吊り下げ最後に帽子をかぶった。

これで警察官に化けることができた、と胸をわくわくさせながら鏡の前に立ったのだが、その瞬間、私は別人が鏡を覗いているのではと錯覚した。

なんとそこには貴公子のような警察官が、私を驚愕の目で見ているのだ。その姿はまさに国家試験に合格して正義のために心血をそそぐ日本男児そのものである。

誰が見ても泥棒などとは思うまい。私も生き方を誤ったものだ。勉学に励み警察官になっていれば、今頃は警部か課長に昇進して将来を嘱望される人間になっていただろう。20～30分ほど鏡と向きあい、自分の立派な姿に恍惚としていた私は、明日の仕事に備えるべく再度構想を練りはじめた。

翌日、私はスーツケースから七化けの道具を取り出して着用。再び鏡の前に立った。昨日と同様に立派な姿だ。私は現場の近くで着替えようと思っていたのだが、これなら誰も泥棒が化けている偽者の警察官とは思うまい。服装を替えずにフロントに赴くと、

「お客さん、警察の方だったんですか……?」

57~58歳の男が怪訝な顔をした。

「大阪の警察本部に勤務しているのですが、ちょっと和歌山の警察本部に用がありましてね。こちらにお世話になった次第です」

口からでまかせの言葉を出すと、

「あぁ、そうなんですか。それはご苦労様です!」

無愛想だった男が頬をゆるめて頭を下げたが、宿泊代金は遠慮なく受け取った。完全に警察官だと思っているな。気をよくした私は足取りも軽くビジネスホテルを後にした。

車のアクセルを踏み込んだ私は現場に向かい、小学校の近くで駐車場に車を入れると、先日下調べをした銃砲店に向かって歩き出した。

私と目が合った60歳前後の上品な女性が、軽く頭を下げながら通り過ぎる。警察官と信じ込んでいるな。気分をよくしていると前方から女子高生が近づいてきた。ニッコリ笑って頭を下げてくれるだろうと期待していると、知らぬ顔で去っていく。くそっ! 親のしつけが悪いからだ! 自分

が泥棒であることを忘れて呟いていた。

まもなく本物の警察官が自転車に乗って近づいてくるのが見えた。

危ない！　気づかれるのでは？　心臓が大きく鼓動しはじめた。上手に化けたとはいえ偽者はにせものだ。話しかけられると一発で化けの皮が剥がされてしまう。どうしようかと思ったが今更どうすることもできない。ここは本物の警察官らしく堂々としていた方がいいのでは、と思った私は、目前に迫ってきた警察官に軽く頭をさげた。それと同時に笑みを浮かべた警察官が、『ご苦労様！』と声をかけ私の横を走り去っていった。

しめた！　本物の警察官でも見抜くことができなかったので、銃砲店の店主などは赤子の手をひねりあげるようなものだ。私はほどなく銃砲店の前に立った。

建築後80年ほど経っているらしく、分厚い板に彫り込まれている〝出来助・銃砲店〟の店名が雨風にさらされて見づらくなっている。

猟期（12～2月）を外れているためか店内にはお客の姿もなく店主も見えない。緊張で身体が固まりかけた私は、生唾を飲み込んでガラス戸を開けた。

●化けの皮が！

視野の中にガラス窓の中に並べられた15～16丁の猟銃が飛び込んできた。盗難防止のためにトリガー（引き金）に太い鎖が通されている。それらの猟銃に視線を走らせていると、82～83歳と思われる和服姿の店主が現れた。

「なにか御用でしょうか……」

　頬をゆるめる店主。

「すみません。警察のものですが！」

　黒皮の手帳を見せた。映画の水戸黄門でおなじみの、助さんが悪代官の前に突き出す印籠と同じで警察手帳の威力は絶大。一瞬のうちに店主の顔が引き締まった。

「私、大阪府警本部の刑事課長で山中と申す者です。実はちょっとお訊ねしたいことがありまして」

「どのようなことでしょうか？」

　店主が白い眉を寄せた。

「実はですね。最近、大阪市内で改造拳銃が大量に出回りまして、本部が捜査に乗り出したんですよ。そんな銃で殺人でも起こされるとたいへんですからね。その結果、先日、改造銃を持っていた暴力団員二名を銃刀法違反で逮捕しまして追及したところ、『改造は大阪市内のアジトでやった』、と白状したのです……」

「そうですか……」

「――ところが、改造拳銃に使用する弾丸の件になりますと、和歌山市のライフル所持者から手に入れた……、とまでは口を割ったのですが、所持者の氏名になると『俺も極道の代紋を背負っている以上、口が裂けても言わん』と頑なに否定するのです」

「市内のライフル所持者とすれば、誰ですかね？　かなりいるのですが……」

腕組みをした店主が眉を寄せながら首を傾けた。

「そんな事情でして御多忙のところ申し訳ないのですが、ライフル銃の所持者名簿を見せて頂きたくお伺いしたのです」

昨夜から繰り返し復唱してきた台詞を口にした。ところが二つ返事で応じてくれると思っていた店主の顔が、曇った。

「名簿なら和歌山の本部でも保管しているはずですが……?」

疑惑の視線が私の目に突き刺さってきた。その鋭く変化した目で、私は重大なミスを犯していることに気がついた。

ライフル銃を所持するには厳しい規制の関門を突破しなければならない。前科および精神に障害がある者は不可であり、猟銃の所持許可をとって10年間無事故でなければ許可にならない。

また、ライフル銃は能力を高めるために、銃身に螺旋が切られ、そのために発射された弾丸に傷がつき、その螺旋には同一のものがないので弾丸を検査すれば、どの銃から発射されたものか判明してしまう。そのため警察署でも所持者の名簿を保管しているのだが、そんな常識でもわかることを私はうっかり忘れていたのである。

しまった！　なんとかこの店主を欺さなければと思った私は、

「それはわかっていますので、先ほど県警本部に行ったのですが、先日行われた夏期の大掃除でどこかに迷い込んでしまって……、とのことで〝出来助・銃砲店〟を紹介されましたので……」

私は自分の顔が赤く染まるのを感じながら嘘八百を並べ立てたが、瞬間、店主の疑念に満ちた顔に不気味な笑みが浮かんだ。

「あ、そうですか。大掃除ね……？　それじゃ、あなたを疑うわけじゃないのですが、念のためもう一度警察手帳を見せて頂けますか……」

くそっ、何が疑うわけじゃないのですが、だ。十分疑っているじゃないか。タヌキ爺めが！　と思いつつ写真だけ貼りかえた警察手帳を見せると、店主の顔が青く変化した。

「おかしいですね。この手帳は奈良県のものじゃないですか？　あなたは先ほど、『大阪府警の刑事課長で山中と申す者ですが』、とおっしゃいましたが、私の聞き違いだったのですかね……？」

私は言葉が出なかった。

くそ、タヌキ爺めが！　人間82～83年も生きていれば少しは呆けると思っていたが、とんでもない。この店主の脳は退化するのを忘れてしまったのだろう。

「まあ、奈良県はともかく、商売柄県警本部の刑事課長とは懇意にして頂いているので、念のため問い合せてみることにしましょう。確か、山中さんとおっしゃいましたかな……？」

シワの多い顔に不気味な笑みを浮かべた。これはもう、お釈迦様の手の中でもて遊ばれている孫悟空だ。ここまで化けの皮をはがされるとつくろう手段も思いつかない。

「この、くそ爺っ！」

やけのヤンパチ、一喝して表に飛び出した。が、待てっ、偽警察官！の怒声は追ってこなかった。おそらく小猫がライオンに急変したような私の態度にド肝を抜かれたか、それとも気違いでは、と思ったに違いない。

500メートルほどの距離を必死で走り続けた私は、どうにか車にたどり着くと、

「二度と警察官に化けたりはしないぞ！」

と呟いた。

怪盗ルパンの正体

●日本中にその名を轟かす大泥棒

京都刑務所で服役していた私は、ある日のこと、運動場で清水幾太郎（62歳）と話をするようになった。

彼は中肉中背で浅黒い顔をしているが、目尻が下がっているためか、他人に人の良さそうな印象を与える人物である。

清水に笑顔を向けられた私は、肩を並べて歩くうちに話が弾み、お互いの身の上話にまで進展していくのに時間を要しなかった。

清水の話によると、彼はその名を全国の刑事たちに知られている大泥棒で、今回も3億円ほど稼ぎ6年の刑を務めているとか――。

その稼ぎに応じて生活も一流企業の社長なみに豪華なもので、梅田の家賃30万円のマンションに住み、仕事をしない夜は北新地のクラブで高級ワインを数本も空ける優雅な遊びをしていたらしい。

仕事も月に7〜8回ほど働けば、軽く4000万〜5000万は稼ぐとのことである。さすが、日本中にその名を轟かせている大泥棒だけのことはある、と感心しながら犯行の手口を聞くと、細い針金が一本あればマンションでも簡単に侵入できるし、金庫でも5〜6分で解錠してしまうらしい。

これには私もびっくり。まさに清水は日本製の怪盗ルパンではないか……。針金一本で難攻不落の金庫まで開けてしまうとは……。私のようなチンケな泥棒とは天と地の差があるってもんだ。

話が進むうちに清水の黄金の腕に驚嘆した私は、同業のよしみで秘伝の凄技を伝授してもらい、彼のような裕福な生活ができればと、欲心を剥き出しにして頼んだが首を横に振られてしまった。

当然のことである。彼にしたって一朝一夕で技術を習得したのではなかろう。苦労の積み重ねで得た技を、簡単に教えてくださいい、と頼むのは、あまりにも虫が良すぎるというものだ。

その件を諦めた私は、その後も清水と当たり障りのない会話をしていたのだが、ある日のことだった。いつものように肩を並べて歩いていた彼が突然、

「青木さん。娑婆に出たら、わしと一緒に仕事をせんかい。金の1000万や2000万はすぐに儲けさせてやるさかい」

どうした風の吹きまわしか、私を仰天させることを言ったのだ。

「本当ですか、清水さん⁉」

大きな声を出した私に、顔をしかめた清水は、

「本当もなにも、わしはな、青木さん。生まれてから今日に至るまで、人様に嘘をついたり騙したりしたことは一度もないぞ。盗人《ぬすっと》はするけどな……」

「すんません。清水さんを疑ったりしたわけではないんですよ。金額が多いので驚いたのです」

右手を左右に大きく振った。

「なんや、金のことかいな！　あのな、青木さん。たかが1000万や2000万の小金でびっくりするようでは、わしのような日本中の警察にその名を轟かす大物にはなれんぞ。もっと心を大きく持たんとな……」

私に向かって微笑んだ清水は、大きな欠伸をしながら青空を見上げた。

その頃、私と清水はお互いに満期日が近づいていたので、彼の甘い誘いの言葉は私を有頂天にさせた。これはもう誰がなんと言おうと恥などくそ食らえだ。清水の腰巾着になって、夢にまで見る札束の山を稼がせて頂くのが賢明であると判断した私は、よろしくお願いします、と深々と頭を下げたのだった。

その日まで対等な立場で彼と接していた私は翌日から〝三歩下がって師の影を踏まず〟の態度で接することにした。彼はコソ泥と違って大泥棒のうえに、大金を稼がせてやると言うのだから疎かにはできないのだ。

やがて指折り数えて待っていた社会復帰の日が近づいてきた。

これが最後となった運動の時間に、名残を惜しんで握手を求めた清水は、

「迎えにきてくれるとき、アンパン5個と牛乳を2～3本を持ってきてくれんかな」

62歳にしては、きれいに揃った歯を見せて微笑んだのだった。

刑務所では正月の三が日と祭日にしか甘味品が支給されないので、全員が甘いものに飢えているのが実状である。

「わかりました。必ず持ってきますので娑婆では面倒を見てくださいよ。清水さんを頼りにしているのですから」

「わかった、わかった！　大船に乗った気持ちで待っていなさい。悪いようにはせんから」

清水は目尻のシワを深くして微笑んだ。

●清水の出所

出所して再び悪事を重ねていた私は清水の出所日を待ちわびていたのだが、ついにその日がきた。

刑務所の門前に到着した私は、久しぶりに会う清水の顔を脳裏に浮かべながらダッシュボードから煙草をとり出した。

吸い殻が5～6本に増えた頃、茶のスーツを着用した清水が、右手に時代遅れの角張ったスーツケースを下げて姿を現した。

「清水さん！　おめでとう。迎えにきましたよ」

「おっ！　きてくれたんやな。おおきに！　おおきに！　やっぱりわしが信じていたように約束を守る男やのう……」

清水は待ちに待った釈放で気分が高揚しているらしく、大声を出して顔を崩した。

助手席に乗った彼は、

「青木さん。遠いところを迎えにきてくれて申し訳ないが、ひとつわしの頼みを聞いてくれんかのう……」

目尻の下がった目をしょぼつかせながら私を見る。

「頼み……？　どんなことでも言ってや。今日はおめでたい日やからね」

「そうかい。おおきに……。実は6年も刑務所に入っていたので、仕事をする前にゆっくり温泉に浸かって身体を休めたいと思ってのう。どうかな……。お礼はたっぷりするさかい有馬か白浜に連れていってくれんかい」

追従笑いを浮かべた。

お礼をたっぷり……。私は一瞬、清水が後席に置いた大きなスーツケースの中身を脳裏に浮かべた。札束に違いない。それなら温泉に連れていくくらいはお安い御用である。

私の即答に満足げに頷いた彼は、

「有馬にしようか、それとも白浜にするか……」

と、独り言を言ってしばらく迷っていたが、

「白浜なら三段壁や白良浜がある風光明媚な景勝地だから、その方がいいのでは……」

私の助言に大きく頷いた。

久しぶりに見る娑婆の光景に目を見張っていた清水も、やがて助手席で居眠りをはじめた。

私たちは夕刻、南紀の白浜に到着した。

長時間の旅の疲れで口数が少なくなっていた清水も旅館に到着したとたん、にこにこ顔に変貌。

玄関に出迎えた仲居たちに格好をつけたいらしく、自分は会社の社長に化け、私を社長秘書にしてしまったのだ。

これには私も呆れたが、今後のことを考えると彼の意志に反することは、デメリットとなるので、何を言おうが黙視することにした。触《さわ》らぬ神に祟《たた》りなしだ。

やがて宿泊時の楽しみである夕食となったのだが、膳を運んできた仲居に向かって清水が、

「お姉さん。忙しいところを申し訳ないんじゃが、芸者を二人ほど呼んでもらえんかな」

と頼んだのだ。私などは食事を終えればテレビを観るか、布団の中にもぐり込んでしまうのだが、大金を稼ぐ大泥棒ともなれば遊びも一流らしい。

ほどなく脂粉の匂いを漂わせつつ姿を現した二人の芸者に満足したらしく、飲むは唄うのドン

チャン騒ぎ、そのあげく彼女たちが引き上げるさい、

「青木くん！　今夜は楽しく遊ばせてもらったから、彼女たちにチップを渡してやりなさい」

私に向かって横柄な態度をとったのだ。この偽社長めが！　なにがチップだ！　と思ったが、清水のご機嫌を損ねると、やがて手に入るであろう大金が夢のまた夢になってしまう恐れがある。仕方なく指示に従うことにした。

●清水が逃げた！

やがて顔を真っ赤に染めた清水は鼾《いびき》をかきはじめたが、その翌朝のことである。

目覚めた私が横を見ると、寝ているはずの彼の姿が見えないのだ。トイレかな……？　そう思って周囲に視線を巡らせるとハンガーにぶら下がっていた背広やスーツケースまで消えているのだ。

もしや？　最悪の状態を想像しながらフロントに問い合わせると、

「――お連れの社長さんは、急用があるとのことで先ほどお帰りになりましたが……」

「帰った？」

「はい！　宿泊代金は秘書に申しつけていますので、とおっしゃいまして、慌てた様子でお帰りになりました」

受話器から流れてきた声で私は清水の正体を知った。くそ爺めが！　なにが大泥棒や、チンケな

詐欺師やないか！　怒りで頭が熱くなった。

「何時頃出発しました……？」

「そうですね……。はっきりした時間はわからないのですが、20～30分ほど前だったと思います」

女性の戸惑った声が耳に流れてきた。

清水は大阪の梅田で家賃30万円のマンションに住んでいたとのことだったが、それは嘘だろう。しかし『大阪の梅田のマンションに住んでいた』と口から出た言葉から判断すると、土地勘のある大阪に足を向けるに違いない。

それなら、今から白浜駅に向かえば天王寺行きの列車に間に合うかも知れない。そう思って訊ねると、

「新宮発、天王寺行きの〝特急くろしお〟が50分後に白浜駅に到着しますが……」

時刻表に視線を向けていたらしい女性の声が受話器から流れてきた。

私は素早く身支度を整え、白浜駅に向かってタクシーを飛ばした。

清水は私を欺して逃走したのだから、追跡されるのを恐れて白浜駅ではなく、次の田辺までタクシーを走らせたのではなかろうか？　それならば手の打ちようがない。万事休す、である。

懸念しつつ、タクシーを飛ばして駅舎に駆けつけると、意外なことに待合室で煙草を吸っている清水が目に飛び込んできた。

ホッ、とするとと同時に怒りが爆発した。

「よくも騙してくれたな！　この大嘘つきめが！」

一瞬にして蒼白になった清水に駆け寄るやいなや、怒りの拳を白髪頭に叩きつけた。突然のハプニングに驚いたらしく、7～8人の視線が私に集中したが、噴火した火山のような怒りは収まらず、

「なにが社長だ！　詐欺師の爺めが！」

両手で覆う白髪頭に2～3発、拳を叩きつけた。

「すんまへん！　すんまへん！　許してください！」

恥も外聞もなくコンクリートの上に正座して深々と頭を下げた。

そうなると他人の視線が集中している私自身が恥ずかしく、清水に指図してその場を離れた。その後近くの空き地で立ち話をしているうちに、立腹もおさまり彼を許す気持ちになったのだった。その結果……。

「使った金は働いて弁償しますから、青木さんの弟子にしてください。お願いします」

深々と白髪頭を下げたのだった。

清水の黄金の腕が大ボラと判明した以上、彼と共犯になっても足手まといになるだけでなんのメリットにもならないだろう。

しかし、騙されたとはいえ刑務所で仲良くしていた相手に頭を下げられては、男として無下に断

れないのが人情である。そこで行動をともにすることにしたのだが、そのために後日、たいへんなことになるとはその時点で〝神のみぞ知る〟であった。

●絵画を狙う計画を実行に

話が変わって、その日から数年ほど前のことである。

その当時、京都刑務所で服役していた私は、『月刊美術』やほかの美術書を購入して日々ページを捲《めく》っていた。といっても絵画に興味があってのことではない。

その頃は景気もよくて一儲《ひともう》けした連中が、高価な絵画を求めて蓄財に励んでいた時代だった。それらの事情を把握した私は、小金を稼ぐより高価な絵画を窃取したほうが儲けも大きくて得策ではないか、と判断したのだった。

となれば、絵画についての知識がなければ売却時に失敗する恐れがあるため、画商と対面したときのために、知識を頭に詰め込んでいたのである。

ところが、出所後に儲けようと思っていた思惑が清水の反逆で夢のまた夢になってしまったのだ。落胆は大きかったが、くよくよしても何のメリットもない。こうなれば自分の腕で稼ぐしかないと思った私は、清水を伴って絵画窃取の旅に出たのだった。

『月刊美術』で把握した一流の画家は、奈良の上村画伯、京都の芝田画伯、神戸の小磯画伯、世田谷の向井画伯、神奈川の中川画伯、鎌倉の小倉画伯など。これらの画伯の絵は高額で取り引きされているので、手っ取り早く自宅を狙うことにした。

高速道路で東京に向かった私たちは、世田谷に住む向井画伯の敷地に忍び込んだのだが、目前の土蔵に近づいたとたん、狂ったように吠えだした番犬のため目的を果たすことができず退散した。

次に狙ったのが、鎌倉の丘陵地帯に豪邸を構える小倉画伯である。半日を費やして目的の建造物を探し当てた私たちは、夜になるのを待って再び丘陵地帯に向かって車を走らせた。

県道からそれて100メートルほど進むと、星空の下で黒く浮き上がっている家屋が近づいてきた。

明かりが漏れている窓から部屋を覗くと2〜3歳の子供を相手に、三人の女性が談笑しているのが見えた。彼女たちの年齢から推察して三世帯が同じ敷地内で暮らしているらしい。

年配で白髪頭の女性が小倉遊亀《ゆき》であろう。美術雑誌の写真を見たことがあるが、93歳よりはるかに若く見える。上品な顔には気品があり近寄りがたい印象を受ける画伯だ。

その横で子供に笑顔を向けている62〜63歳の女性が画伯の娘で、女の子と戯れている30歳前後の女性が画伯の孫娘なのであろう。

一家団欒の様子をしばらく覗き見していた私は、清水を促してその場を離れた。目標は午前中に下見をしていた二階建ての家屋である。

灌木や野菜畑のそばを50メートルほど進むと、門灯の点いた家屋がひっそりとした佇まいを見せている。そこが小倉遊亀の本宅であることは、前方に見えるプレハブのアトリエらしき建物を見ても一目瞭然である。

『月刊美術』に掲載されていた小倉画伯の花瓶のバラを脳裏に浮かべながら玄関に近づくと、外来者の気配を感じたらしく、土佐犬が鎖の音をさせながら犬小屋から姿を現した。

ヤバイ！　吠えたら一巻の終わりだ。建物の角から首を引っこめた私は、その場を離れて裏側に向かった。そこには物騒な番犬はいなかったが、２匹の山羊が小屋の中で私たちに大きな目を向けていた。

「おっ！　乳が赤く膨《ふく》れているが発情期になってるんかな！」

懐中電灯の光に照らされた山羊を見て、清水が呟いた。

「なにを言ってるんや。山羊の乳が大きかろうが小さかろうが関係ないやろうが。それより見張りをしっかりしといてや」

清水に指示した私は、持参したドライバーで台所のガラスを割って屋内に侵入した。

階下の2部屋を探したが一点の絵画もない。画伯は仕上げた作品を次々と画商に渡してしまうのだろうか？　絵画の中には愛着があって売りたくない作品もあるはずだが……、と思いつつ二階に上がっていった。

寝室に入った瞬間、壁に掛けられている二点の絵画が目についた。一点は柴陽花を描いた10号のもの。もう一点は椅子に座っている着物姿の女性。15号である。

やったぞ！　心の中で叫んだ。

小倉遊亀の知名度から判断すると、3000万ほどの値がつくのではなかろうか。そうすると叩き売っても500万～600万にはなるだろう。そう思いつつ壁から絵画を外し、室内を物色しはじめた。

●なんと山羊と！

今回は絵画を専門に窃取する予定だったが、屋内に侵入した以上は金も見逃すことはできない。有名な女流画家であるから現金もかなり置いてあるに違いないのだ。胸を弾ませながらタンスを物色していると、外から女性の声が聞こえてきた。

しまった！　見張りをさせていた清水が、家人に発見されたのでは……。誰かが近づいてきたら小石を投げて知らせるように、と注意していたのだが、どうやら居眠りをしていたのに違いない。

本当に役に立たない爺さんだ。どうしようか……。二階から飛び降りて足でも折れば、逃げることができず逮捕されてしまう。くそっ！　と思いながら窓から覗いた。

「――あなた！　他人の敷地に無断で入ってきてなにをしているんですか？」

小倉遊亀ではなく、先ほど窓から覗き見をした孫らしい洋服姿の女性が、甲高い声で清水を唯可していたところだった。

その光景を見て私は唖然とした。ズボンを脱ぎ捨てた清水が、下半身の大事なところを両手で覆ってうつむいているのだ。

その状況を見た私は、一瞬にして状況を把握した。清水は大胆にも山羊の尻を抱いて腰を動かしているところを発見されたらしい。

先ほど山羊の啼き声が聞こえたが、あれは人間の不逞行為に仰天した声に違いない。

しかし長い拘禁生活で女に飢えていたとはいえ、山羊の股間を見て発情するとは……。呆れてものが言えない、とはこのことだろう。

「――花子はね。おばあちゃんが飲むお乳をとるために飼っている山羊なのよ。あなたがそんな不潔なことをしたら汚くて飲めなくなるでしょうが」

女性の甲高い怒り声が、森閑としている夜の空気を切り裂いた。

助平爺めが！　見張りの最中に山羊の性器にチンボを挿入するとは……。

「――いつまで案山子《かかし》のように突っ立っているのよ！　早くパンツを穿きなさい」

呆然としていた清水も、どうにか羞恥心をとりもどしたらしく、うろたえながら下着を身に付けはじめた。

●なにをしにきたのです?

「——あなた、ここになにをしにきたの?　わざわざ花子と遊ぶためにきたのじゃないんでしょう」

清水の慌てふためく姿を見ているうちに怒りがおさまってきたらしく、口調が柔らかくなっていた。

「いいえ、違います!」

「それじゃなにをしにきたのです……?」

「絵をちょうだいしにきたのです」

絵をちょうだい?　まさか絵を盗みにきたと言うんじゃないだろうな?　この天井知らずのアホめが!

「——絵をちょうだい……?」

女性の言葉が一瞬とぎれた。

「はい、そうです」

「でも、あなたはいつもくる画商の方とは違いますね。それにこんな夜中に訪ねてくるなんておかしいじゃありませんか⁉」

女性の声が、私の脈拍を速くした。

大ボラ吹きの清水でも、気が狂っていなければ泥棒です、なんて言わないだろう。なんとかごま

かしてくれよ、と思ったとたん、

「――こんな夜中に散歩？」

彼女の言葉じりが低くなった。返答に窮した清水がとっさに散歩と言ってしまったのだろう。

「おかしいわね……？　絵をちょうだいしにきたとか、散歩にきたとか、あなたの言うことは訳がわかりませんね。どちらが本当でどちらが嘘かはっきりおっしゃい！」

甲高い声が再び荒くなった。

「すみません。散歩でした」

「そうですか。お昼に散歩しようが夜中に散歩しようが、それはあなたの勝手ですがここは私有地なんですよ。他人の敷地内に無断で入るのは泥棒と一緒じゃないですか。そうでしょう……」

私の心臓をドキッ、とさせた女性は不法侵入者の正体を見破っていたらしく、

「とにかく警察に知らせますから」

私のもっとも嫌いな言葉を吐きだして身をひるがえした。ヤバイ！　こうなったら絵画どころじゃない。動転して階段を駆け降りていくと、玄関の電話機に手を伸ばしかけていた女性が、仰天したらしく真っ青な顔で目を見張った。

狭い階段のため彼女をよけて通ることができず、正面衝突で彼女の小さな身体を壁に叩きつけた私は、鼓膜が破れそうな悲鳴に追われて表に飛び出した。

私の前方を災いの元凶である清水が、62歳の爺さんとは思えない姿で力走していくのが見えた。細い山道を脱兎のごとく駆け下りて車にたどりついた私は、荒い息をついている清水に向かって、

「見張りもせんと山羊なんかに悪戯しているから、こんなことになってしまったんや。ど助平が！」

拳を白髪頭に叩きつけ、エンジンを始動させた。警察署や交番の所在地が不明なため、少しでも早く危険地帯から脱出したかったのである。

4～5分ほど走ったであろうか。外灯の明かりに照らされている踏切を通過した瞬間、人家の横からパトカーが飛び出してきた。

通報されているのだからいつ姿を現すかと、戦々恐々としながら前方に視線を集中していたのだが、警察の動きは予想以上に早かった。

「前方の和歌山ナンバーの車！　道路の左側に寄って止まりなさい！」

夜の静寂を破壊した拡声器の声が襲ってきた。一瞬、私の脳裏に刑務所の光景が浮かんだ。くそっ！　ここで捕まればまた高い塀の中に逆戻りしなければならない。恐怖心がアクセルを床まで踏み込ませた。

「こらっ、止まれ！」

拡声器の声が荒々しくなると同時に、命が縮まるようなサイレン音が空気を切り裂いた。くそったれ！　捕まってたまるか！　逮捕されたら常習犯として5～6年の長期刑を宣告されることにな

るのだ。なんとか逃げ切らなければならない。

ライトに浮上する夜景が、弦から放たれた矢のように後方へ後方へと飛んでいく。深夜のため対向車がなくてアクセルを床まで踏み続けることができるが、昼間であれば命がいくつあっても足りないだろう。

やがて、追う者と追われる者との間に距離の差がでてきた。正義感に燃える警察官であっても命は一つである。逃げたい一心で、恐怖心が麻痺している逃走者とは比較にならない。長く短く尾を引くサイレン音が少しずつ低くなっていく。

ルームミラーにチラッと視線を向けた私がなんとか逃げ切れるのでは、と思ったとき、前方から近づいてきた車が事態を把握したらしく、ライトを消して道路の左側に停車した。

その瞬間、前車の後ろから走ってきた車が、ライトを上向きにした状態で道路の中央に停車したのだ。正義感の強いドライバーが警察に協力して暴走車を止めようとしたのだろう。

一瞬にして車に近づき、目を見張ったドライバーの顔が私の目に飛び込んできた。危ないっ！

正面衝突だ！　思考よりも身体が反応した。右にハンドルを切ったが手遅れだった。

ドスン！　金属が激突した鈍い衝撃がハンドルに伝わってきた。

「ワーッ！」

助手席の清水が出した絶叫を耳にしながら道路に飛び降りた。甲高いスリップ音を出して急停車したパトカーから飛び出した警察官が、怒声を出して追跡してくる。

走る、走る。警察官の靴音が脳裏に響きわたり、後ろから首筋をわしづかみにされそうな恐怖に襲われながら必死で走った。走るのは昔から苦手だったが、火事場のバカ力と同じで、警察官に追われると鈍足が一転して犬の走行になってしまうのだ。

その後、大阪の西成に潜伏していたところを逮捕された私は、取り調べの刑事から神奈川事件の真相を聞くことができた。

それによると、警察に協力して道路の中央に停車したのはタクシーの運転手とのことである。

彼は肋骨3本と右の大腿骨を折る重症だったそうだが、逃走車を止めようと道路を遮断した行為は、道交法に違反するためにお互いの事情を察して事件にはしないそうだ。

●清水の義理の心

清水は車が激突した現場の近くで、物影に隠れているところを逮捕されたとのこと。

その後、清水は勾留期間の24日間、検事の鋭い追及を受けたそうだが、

「わしは若い男に乗せてもらっただけで、悪いことはしていません」

私の人相風体も覚えていない、と頑なに否定した結果、証拠不十分で釈放されたとのことだった。

清水が厳しい取り調べを受けたのは私の経験から判断できるが、そんな状況の中で私の名前を口

に出さなかったのは流石である。

大ボラ吹きではあったが、現在の世の中で希薄になっている義理を重んじる心を彼は持っていたのだ。

年月の過ぎるのは早いもので、あれから数十年の歳月が流れていったが、私に一攫千金の夢を見させて有頂天にさせた清水は、その後どうしているのだろうか……？

今でもどこかの刑務所かそれとも老人ホームで、得意の大ボラを吹いて懲役や住人を煙にまいているのだろうか……？　それともこの世におさらばして地獄の閻魔さんに大ボラを吹いているのだろうか……。

あれから年月が矢のように過ぎ去っていったが、刑務所の運動場で、

「あのな、青木さん。たかが１０００万や２０００万の小金でびっくりするようでは、わしのような日本中の警察にその名を轟かせる大物にはなれんぞ。もっと心を大きく持たんとな……」

と言った清水の憎めない笑顔が、私の脳裏にときどき浮かぶことがある。

まぬけ泥棒

●中屋のお迎え

犯罪者の寄せ場である刑務所では、自らの犯した罪に涙し、心から更生を誓って服役している者もいれば、性懲りもなく出所後の悪巧みをしている輩も多くいる。

私もその懲りない面々の一人であり、大阪刑務所の26工場で働いている同囚の中屋三男（47歳）と罪名が同じであることから意気投合。出所後における悪事の計画を企てながら親交を深めていった。

私はやがて3年6か月の服役を終えて大阪刑務所を出所した。

刑務所では社会で会う約束をしていても、履行する人間はほとんどいないのが実状だが、門前には1年前に出所した中屋が約束を守って迎えにきていた。

「おめでとう！　元気そうやな、青木さん！」

顔を輝かした中屋は一人ではなく、私に軽く会釈をした、36〜37歳の男を同伴していた。

「いやあ、先ほどこの人と門前で話をしていたら青木さんを迎えにきたというのでびっくりしたんや。この人の兄さんが以前、青木さんと一緒に仕事をしたことがあると言うのでな」

中屋が横で微笑んでいる小柄な男に視線を向けた。

「長いあいだご苦労様でした」

男が頭髪の薄くなった頭を下げた。視線を合わせた瞬間、どこかで見たことがある顔だと思ったが、春彦の弟だったのか……。

「青木さんには初めてお目にかかりますが、吉岡春彦の弟で勝之と申します。実は兄貴から青木さんのことを聞いていましたので、迎えにこさせていただきました」

黒のTシャツ、黒のズボン、黒の靴と黒一色の吉岡は丸い顔に笑みを浮かべた。彼は吉岡春彦の三番目の弟で、以前、私が春彦と一緒に西日本を空き巣で荒らしていたときは、服役していたので初対面である。

「青木さんが大阪刑務所に行ってから3年後に、兄貴の筋萎縮が進行して、今年の2月に他界したのです」

吉岡勝之が顔を曇らせた。吉岡春彦は、現在の医学でも治療法がない筋萎縮に冒されていたのである。こんなに早く死去するとは……。私の脳裏に一瞬、彼の笑顔が浮かんだ。

「私にとってはいい兄貴だったので残念ですが、これも寿命なので仕方ありません。それより兄貴から青木さんのことをいろいろ聞いていましたので、出所したら一緒に仕事をさせていただこうと思いまして、今日まで待っていたのです」

小柄で小太りの体型や、頭髪が薄いためか丸刈りにしている頭。愛嬌のある丸顔は兄貴とそっくりで、どうやら泥棒根性も負けていないらしい。西日本の三課の刑事たちに『泥棒の腕は抜群』と賞賛されていた春彦の弟だけあって、曲がった心の矯正は困難らしい。

「わかった。それなら中屋さんを紹介しよう。私たちは大阪刑務所で仲良くしていてな。出所したら一緒に仕事をしようと約束していたんや。だから吉岡さんも中屋さんと仲良くやって……」

私は二人を引き合わせた。

●新聞の三面記事に注目

そんな彼らと和歌山市内の旅館に投宿したときのことだった。女将が持ってきた新聞の三面記事に、私は心を惹かれた。

事件の内容は……、京都市内でクラブを経営する女性宅に賊が侵入。残額1億円の預金通帳、3500万円の現金、3000万円相当の宝石が入ったホーム金庫を持ち去った。捜査官が破壊された金庫と預金通帳を自宅横の空き地で発見……、というものだった。

「3500万円か」

私の呟きに、将棋を指していた二人が首を伸ばして覗き込んだ。

「ほう、いい仕事をしたな。その犯人は」

吉岡が感嘆の声を出した。

「1億の預金通帳を捨てたのは印鑑がなかったからか？　それとも引き出しに行くのは危険だから止めたのかな……」

中屋が浅黒い顔を私に向けた。

「そうやな。これだけの大金を稼ぐしっかり者の女やから、通帳と印鑑を一緒に置くことはせんと思うよ。仮に印鑑を置いていても。プロの泥棒なら、警察が張り込んでいる可能性が高い銀行にのこのこ行くような愚かなことは絶対にせんぞ。それこそ〝飛んで火に入る夏の虫〟になってしまうからな」

「そうすると、この女はまだ1億円を持ってるってことか」

中屋が太い眉を寄せて呟いた。

「そうやな。事件が起きてからまだ日数があまり経ってないから、間違いなく持ってるやろうな」

「それなら、なんとか手に入れる方法はないかな青木さん。1億あったらなんでもできるぞ」

私に向けた吉岡の目が輝いた。

「手に入れる方法か……」

「1億あれば、三人で分けても一人頭で3300万ほどになるからな。雄琴（ソープランド）に遊びに行って1発2万としても、ええっと……」

指を折って数えた吉岡。

「1650回もオマンコができるぞ」

「本当に助平やな、勝っちゃんは。そんなにしたら赤剥けになって、使いものにならなくなってしまうぞ」

私の言葉にニヤッと笑った中屋。

「おれはまず貯金するな」

空き巣で稼いだ金をきっちり貯金して、いつも数字を数えるのを何よりの楽しみにしている堅実派の中屋が、鋭い目を輝かせる。

「おれもそうしたいけど、金が入ると湯水のように使ってしまうからな。将来のために少しずつでも貯金せんとな。本当に情けないよ」

三人がそれぞれの雁首を寄せ合って好き勝手なことを言っていたが、結局はこの1億円を私たちのものに……、と意見が一致したのだった。

しかし、一度盗難に遭った彼女は、通帳や印鑑の保全には万全を尽くすであろう。そうなれば私たちの手に負えるものではない。

そこで私は、窃盗犯にとっては邪道である強盗をやらないかと、吉岡と中屋に提案したところ、「強盗……」と呟いて私の顔を凝視した二人は口を閉じてしまった。

窃盗ならば、常習者（10年間のうちに同類の罪を3回以上繰り返す）として起訴されなければ、せいぜい2～3年の刑ですむ。

ところが強盗となれば、最低でも5～6年。相手にカスリ傷でも負わせれば、強盗傷害罪で10年は覚悟しなければならないだろう。

だが金の力は偉大なり。私たちは一日で一人頭10万円を目標に稼いでいたが、思うようにならないのが実情である。そんなことで、三人にとっては1億円は目が眩むほどの大金だ。

私の言葉で怯んだ様子を見せていた吉岡と中屋だったが、犯行の手口を説明しているうちに態度を軟化させ、

「よしっ。やるか！　強盗がなんぼのもんじゃい！　やることをやらんと大金を掴むことなんか夢のまた夢やからな」

吉岡が酒に酔ったような勢いで大声を出すと、中屋もつられたかのように、

「おう、俺もやるぞ。1億が手に入るなら強盗どころか殺人でもやってやるわい！」

二人とも士気を高揚させて賛意を表したが、その態度は猫が猛獣に豹変したような勢いだった。まさに金の力は偉大なりである。

●犯行の筋書き

ここで、一歩引いていた彼らを乗り気にさせた犯行計画の筋書きを説明するとしよう。

新聞の記事から推察すると、被害者であるクラブ経営者の女性は独身らしいから、自宅に侵入して脅し、銀行から金を届けさせるか、それが不可能ならキャッシュカードで引き出すか（現在はオレオレ詐欺の防止のために、1回で引き出せる金額の上限は50万円だが、当時〔昭和60年〕は規制されていなかった）の二つの方法がある。なんともいい加減な考えだが、私の幼稚な頭脳ではその程度の知恵しか浮かばない。

●実行へ

翌日の早朝、私たちは期待に胸を弾ませて、京都市山科区の北花山に向かって車を走らせた。

彼女の自宅が存在する河原町は、意外や想像に反して田園風景の広がっている場所にあった。国道からそれて、左右に畑が広がる未舗装の小道を200メートルほど進むと、正面に土塀を巡らせた寺。その手前40メートルほどの場所に、隣り合わせで2軒の家が建っているのが見えた。右側の豪邸に近づき表札を見ると、「中川栄子」と表記されている。新築してから1～2年ほどしか経っていないだろう二階建ての家屋は立派だ。玄関の横に設置された板塀から空に向かって伸びている7～8本の竹や松の木などが、この家の住人を象徴するかのように風流な趣を醸し出している。

日中、人相の悪い三人の男が、家屋の周辺をうろうろしているところを誰かに見られると警戒される恐れがあるので、夜になってから出直してくることにした。

京都市内で食事を済ませた私たちは、雨戸に穴を開けるべく3本の切り出しナイフ、手足を縛る紐、バール、ドライバーなどの泥棒用具を購入。ネオンが点滅しはじめた市内を後にして山科に向かった。

やがて国道沿いの野外駐車場に車を入れて、遠くで輝く漁火のような人家の灯を見ながら未舗装の小道を進んだ。

野菜畑を左右に見ながら歩いていくと、夜空に黒い影を浮上させている2軒の家屋が現れた。左側の家には明かりが点き、子供たちの黄色い声が聞こえてくるが、隣家の女性宅は門前の外灯以外、台所の窓から薄い明かりが漏れているだけで、森閑とした空気に包まれていた。

私は吉岡と中屋を後ろに従えて、日中は近づかなかった3段の石段を上がって玄関に進もうとしたが瞬間、足の動きを止めた。女性の一人住まいであるし前回泥棒に侵入されているから、警備には万全を尽くしているだろうと思っていたが、予想は的中した。

玄関から2メートルほど離れた右側に、高さ20センチほどの黒いボックスを取り付けてあるのだ。ハッ、として周囲に視線を走らせると、石段を上がった左側の植え込みの中にも同じ形をしたボックスが設置されていて、直径5ミリほどのレンズから赤外線を発しているらしく赤く光っているのだ。

人の目に見えない赤外線が、玄関の横に取り付けてある受光器に向かって発せられ、その中間を通過すると赤外線が遮断されて警備会社に異変を知らせる警報機なのだ。

だがこの警報機は万全ではない。赤外線を発している赤いレンズが見えるために、一直線になっている赤外線に触れないようにまたぐか、下を潜るかすれば反応せずに通過できるのである。

しかし玄関は明かりが点いているので危険。それより家屋の側面か裏に回れば窓があるはずなので、そこから侵入するほうが無難だ。私は二人を後ろに従えて移動した。

そこは50坪ほどの広さのある空き地だが、大小の雑木が枝を伸ばしているところを見ると、彼女の家は雑木林を開拓して建てたものだろう。

明かりが広がっている台所の窓に忍び寄ったが、大型のクリッパーでも切断できないような鉄格子がはめられていた。

窓から覗くと、37～38歳の髪をアップにした着物姿の女性が、大型テレビに視線を向けているのが見えた。

目鼻立ちの整った細面の美人だ。背筋を伸ばして椅子に座っている姿は気品があって、さすが祇園でクラブを経営するだけのことはある。

「ほう、美人やな」

私の横で、同じ姿勢をとっている中屋が呟いた。

「おう、別嬪やな。たまらん、押し入って輪姦したろか」

本領を発揮した吉岡が、私に顔を向ける。

「勝っちゃんは本当に、ど、の字がつく助平やな。あのな、勝っちゃんよ。大事を前にして強姦なんかできるか。そんなにしたければ儲けた金で雄琴に行けや。３０００万もあれば死ぬまでできるぞ」

私の口が反発した。発覚すれば強盗罪で7～8年。それに強姦罪を加えると15～16年の懲役刑になるのだ。

窓から凶悪な犯罪者が覗いているとも知らずに腕時計に視線を落とした彼女、立ち上がるとテレビの裏から千円札の束を取り出して、ハンドバッグに一枚を入れると受話器に手を伸ばした。

時間は午後8時。出勤のためにタクシーを呼ぶのであろう。表に走って物陰から覗くと、しなやかな身体つきで現れた彼女が、街灯に照らされた小道を国道に向かって遠ざかっていった。

よしっ、今が絶好の機会だ。私たちは顔を突き合わせて相談した。その結果、表で彼女の帰宅を待ち伏せして襲えば、悲鳴を上げて隣家の住人に気づかれる恐れがある。そこで屋内に侵入して、帰ってきたところを襲えばいいのでは、ということになった。

明るい玄関と鉄格子のはまった台所からの侵入は止めて、家屋の裏側に回ったが、高さ2メートルほどのブロック塀が隣家まで続いていた。

だが、そんな塀は何の役にも立たない。私たちは次々と乗り越えて庭内に飛び降りた。20坪ほどの庭には竹や松の木が夜空に黒い影を広げ、白色の浜石が敷き詰められた中央には石灯籠が据えられている。私はそれらの優雅な景観から雨戸に懐中電灯の光を移した。

薄茶色の防腐剤を塗った雨戸は新品と同様で一分の隙もない。私は持参した切り出しナイフを使用して、桟の横に手首が入るほどの穴を開けた。が、それも無駄な行為だった。

内側のガラス戸にも鍵が掛けられているために、ガラスと雨戸の間隔が狭くて手首が入らないのだ。くそったれめが！　こうなれば雨戸を外すしか方法がない。

私は吉岡が持っている大型ドライバーを受け取って雨戸の下に差し込んだ。持ち上げようとするとギシ！　ギシ！　と音を立て3枚の雨戸が上がってきた。

雨戸の両端にそれぞれ凸凹の切り込みを入れて一枚ずつ外せないようにしているのだ。くそっ！こうなれば連結した状態で雨戸を外すしかない。中屋と吉岡に手伝わせ、苦心惨憺のうえに3枚の雨戸を外してしまった。

後はガラスを割ってクレセント錠を外すだけだ。この手口は私の常套手段である。クレセント錠の横の桟にドライバーの先を差し込んで右に捩るとヒビができるのだ。それを三回繰り返して三角状の穴を開けて、そこから手を入れて錠を外す。これを専門用語で三点割りという。

私は三角状にヒビが入ったガラス片を取り除き、クレセント錠を外した。沈黙の作業を後ろで見ていた吉岡が、

「やったな」

と、うわずった声を出した。

ガラス戸をゆっくり開けて、ムッとする空気が充満している廊下に懐中電灯を向けた私はその瞬間、またも罵声の呟きを漏らさざるを得なかった。

なんと廊下の左右に、玄関の前に設置してあるのと同型の赤外線ボックスを取り付けてあるのだ。知らずに廊下に上がれば、室内に警音が響き警備員が駆けつけてくるのは保証付きである。

悔しいがこの仕事は諦めるしかないか……、と思った私の目に、便所の汲み取り口の横に立てかけてある、鉄製の脚立が飛び込んできた。松の枝を剪定するのに使用しているのだろう。渡りに舟とはこのことだろう。さっそく利用することにした。

●いよいよ屋内に侵入

三脚を廊下の前に立て、吉岡に指示した。飛び込めと……。この方法だと、一本の線になって発行している赤外線に触れることなく目的を果たすことができるのだ。

ドスン！　静寂を震わせた足音が中庭に響き、胸がドキッとしたが隣家の窓に異状はない。中屋と私が次々と吉岡の後に続く。

忍び足で台所に向かう私の心は、難関をクリアした嬉しさで高揚していた。

二階に上がる階段の横の柱にも、警報機のスイッチが取り付けられているのが目についた。どの位置からでもすぐ警備会社に通報できるようにしているのだ。なんと警報機だらけではないか、と思いつつ台所に踏み込むと、高さ40センチほどの銀色に輝くボックスが目に飛び込んできた。

ボックスには10個ほどのスイッチが取り付けられ、その下に警備会社、警察と、私たちが最も恐れる活字が並んでいる。ほかのスイッチは、廊下、浴室、トイレ、部屋などの電灯を台所で操作できるものだ。

「金があればなんでもできるってわけか。まさに金の力は偉大なりやな」

羨望を含んだ中屋の呟きを耳にしながら台所を物色。先ほど彼女がタクシー代として抜き取った千円札の束をテレビの裏から取り出してポケットに入れた。５万～６万はあるだろう。

その後、二階に向かった。二階は青畳を敷いた６畳の部屋が二つ並び、廊下の奥に頑丈な扉が閉められている洋室らしい部屋があったが、鍵は掛けられていなかった。

足を踏み込むと、そこは15畳ほどの広さがある洋室だった。

部屋の片隅には高さ１メートルほどの、銀色に輝く金庫が据えられ、反対側には豪華なダブルベッドが据えられている。

「金庫や！」

異口同音の言葉を吐き出した私たちは、金庫に向かって突進した。だが取っ手を掴んだ指先に、小さな金属音が反発してきた。

「この金庫に、1億円の通帳を入れてあるんやろうな」

吉岡が金庫の取っ手を掴んで、数回金属音を立てていると、

「ホーム金庫を盗まれたから、持ち出せないように大型金庫を据えたんやろうな」

中屋が新品の金庫を、女性の肌でも愛撫するかのようにゆっくり撫でる。

「今からもっと大きなバールを買いに行って、金庫をこじ開けては……」

吉岡が獲物を前にした野犬のように、目をギラつかせて提案したが、金物店の所在地が不明だし、彼女が帰宅するまでに間に合わないだろう。たとえ間に合ったとしても、賊の侵入に気づいた彼女が警察に届けると、通帳は何の役にも立たない紙切れになってしまう。

それより、最初の予定通りに彼女を脅して、銀行から金を持ってこさせるほうが確実で手っ取り早いではないか、との結論となった。後は彼女が帰宅するであろう午前1時か2時ごろまで室内をゆっくり物色して、時間を潰すだけである。

手始めに枕元の引き出しを開けてみると、宝石やネックレスが十数点ほど入っていた。売却すれ

ば20万~30万にはなるだろうが、入質したりすると、両手に冷たい手錠が食い込むのは時間の問題。手をつけないことにした。

隣室に移動して物色をはじめると、押し入れの下段に大小の桐箱が35~36個。取り出してそれぞれの箱を覗くと、湯呑み茶碗、絵皿、金杯、花瓶、壺などの陶磁器が収められていて、私たちの目を輝かせる。

「うわっ！　これは高価なものばかりやぞ」

奇声を出した吉岡が、

「この壺は中国の青磁で、２００万~３００万はする名品でな。この絵皿は備前焼で１００万はする」

陶磁器に詳しいらしく、次から次に手にとって知識を述べる。彼の鑑定眼について、私と中屋は後日、白浜の事件で大恥をかかされることになるのだが、その時点では〝神のみぞ知る〟であった。

感心しながら覗く私の横で中屋が、

「あほらしい。１００万か２００万か知らんが、そんなものは土をこねくり回して焼いたもので俺は興味がない」

苦笑しながら、便所に行く、と姿を消した。私と吉岡が、陶磁器の鑑定書を見ているうちに30分ほどの時間が経過した。が、中屋が姿を現さない。便所にしては長過ぎるが、何をしているのだろう。

不審に思って階下に降りていくと、ホンワカといい匂いが漂ってきた。まさか？　と思いつつ台所に向かうと、なんと花柄模様の前掛けをした中屋が、鼻歌まじりで焼き飯を作っているのだ。

「なにをしてるんや、中屋さん！　びっくりしたぞ、いつからコックになったんや」

　私と同様に吉岡が目を見張った。

「いらっしゃい！　お客さん、今日は目の玉が飛び出るほどの美味しい焼き飯を食べて頂きますから、もう少しお待ちください」

　日頃は一切、冗談を言ったことのない中屋が、大金が手に入るのを予想しているらしく、浮かれて食堂の親父に化けているのだ。

「なにが、いらっしゃいだよ、中屋さん。泥棒に入った家で焼き飯を作るなんて。呆れてものが言えんとはこのことやな」

　苦笑しながら私は中屋を揶揄った。

「本当に呆れたもんやな。アホというか、度胸がいいというか。心臓に毛が生えているとしか言いようがないいな」

　私と同様に苦笑する吉岡。

　ニヤニヤ笑いながら手を動かしていた中屋は、やがて三つの大皿に分けた焼き飯をテーブルの上に並べると、冷蔵庫から3本のビールを取り出した。

「おい、おい、中屋さん。これから強盗をやるというのに、ビールなんか飲んだら、ママを縛るどころか、酔っぱらって俺たちが縛られてしまうぞ」

「大丈夫や、青木さん。ビールの2本や3本飲んでも酔ったりせんから、前祝いに乾杯しようや。さあ、吉岡さんも飲んで、飲んで！」

中屋と吉岡がコップを打ち合わせ、酒の苦手な私は、胃が火傷しそうな焼き飯を食べはじめた。

まもなく食事を終えた私たちは、彼女が帰宅するまでの時間潰しにテレビでも見ようと、スイッチを押した。が、食事の満腹感と日中の疲れで、私は耐え難いほどの眠気に襲われた。

ビールを飲んで顔を赤く染めた彼らも、やがて大きな欠伸をしながら口を閉じてしまった。ヤバイ、私の脳が反発して踏切の警報機のような警報を鳴らしはじめた。

ここで三人が仲良く眠ってしまうと、帰宅した彼女が腰を抜かすだろう。そのあげく通報で駆けつけた警察官は、なんと間抜けな泥棒だと嗤うだろうし、裁判官は稀に見る大胆不敵な犯行である、と1～2年の刑を加重するに違いない。私は重い瞼を開き二人を外に連れ出した。

●屋外で待ち伏せに変更

屋内で待ち伏せして、帰宅した彼女を縛りあげる計画だったのだが、外に変更することにしたのだ。屋外で交代しながら仮眠をとり、彼女が帰宅した直後に雨戸を外した場所から侵入するのだ。

クラブの経営者であるから彼女の帰宅は、午前の1時か2時頃になるだろう。

それまで、隣の雑木林で交代で眠ることにした。まず二人が仮眠をしている間、私が寺の門前で見張りをして、1時間ほど経過してから彼らと交代することにした。

話が決定すると同時に、眠気に襲われている彼らは落ち葉が重なっている雑木林の中で、あっという間に鼾をかきはじめた。

私は少し離れた寺の門前に行くと、その場に腰を下ろした。その場所だと、外灯に照らされた小道がよく見えるので、彼女の姿を見逃すことはない。

森閑とした闇の中で、彼女の帰宅後の処置を再度頭に浮かべる。

彼女が帰宅した直後、廊下から侵入して、寝室に向かう前に身体を拘束しなければならない。彼女の部屋は洋室なので、頑丈な扉に内側から鍵を掛けられると手の施しようがないのだ。

彼女の自由を奪った後で金庫を開けさせるのだが、現金はさほど置いていないだろう。問題は通帳に記載されている1億円だが、彼女を銀行に行かせるわけにはいかない。

そこで彼女に「急用があって行けませんので、知人に行ってもらいます。よろしくお願いします」と電話をかけさせ吉岡か中屋を銀行に行かせる、という手もあるが、顔を見られるので危険である。

こうなれば、銀行員に自宅まで運ばせるしかないだろう。

彼女が玄関で金を受け取るときは、物陰から二人の様子を見ていて、不審な態度をとれば飛び出して銀行員も縛ってしまうのだ。

そんなアクシデントがないよう事前に「銀行員に気づかれるようなことがあれば、あんたも相手もその場で刺し殺してしまうぞ！」と脅かして、持参した刺身包丁を彼女に見せておくのだ。そうすれば銀行員に気づかれるようなことはしないだろう。苦労して貯蓄した金でも命あってのもの。死んでしまっては金の使いようがないので、命をかけるような無謀なことはしないはずである。

やがて腕時計の針が12時を示した。交代の時間だ。雑木林に近づき二人を叩き起こした。見張りの場所を指差して、

「1時まで眠るから、ママの姿が見えたら起こしてくれ。大事なときや。居眠りは絶対にするなよ！」

くどいほど注意して落ち葉の上に身体を横たえたのだった。

●なんと夜明け！

やがて、誰かの声で目を覚した私は仰天した。なんと、夜が明けているのだ。どうしているんだ、あの二人は？　飛び起きて寺の門前を見た私は、呆然としてその場に立ちすくんだ。

なんと、80歳ほどの顎に見事な白髭を生やした住職が、へっぴり腰で、

「これっ！　この場所をどこだと思っているんじゃ！　こともあろうに神聖なお寺の門前で女子《おなご》のズロースなんか被って寝るとは……。不届き千万！　罰が当たりますぞ。起きなさい」

門前の掃除をするために出てきたのであろう。竹ボウキで、丸太のように転がっている男のパンティー顔を突っついているのだ。黒い半袖に同色のズボンを身につけているところを見ると吉岡に違いない。二人とも見張りをしているうちに眠り込んでしまったのだろう。

あのバカたれめが！　大事を前にして眠ってしまうとは……。怒り心頭に発したが過ぎてしまったことは手の打ちようがない。それにしても盗んだ彼女のパンティーを頭から被って寝てしまうなんて、こんな特殊なド助平は日本中を探しても吉岡くらいしかいないだろう。

「これ！　起きなさい、って言うてるんじゃ。こんな場所で寝られては掃除ができんじゃろうが、これっ！　起きなさい！」

突っついても突っついても目を覚まさない吉岡に、堪忍袋の緒が切れた住職が、大きく振り上げた竹ボウキをパンティーめがけて力いっぱい振り下ろした。その瞬間、吉岡が意味不明の大声を出してバネ人形のように飛び起きたが、その声と勢いにびっくりした住職が、

「驚かすな！　この色気違いめが！」

仏に仕える住職とは思えぬ言語を発して逃げ腰になった。突然、叩き起こされた吉岡は何がなんやらわからずに飛び起きたところ、パンティーを頭から被っているために目の前が真っ暗。悲鳴を上げながらどうにかパンティーを取り除くと、中屋の後を追って走り出した。

それを見て強気になったらしい住職の怒鳴り声で、彼らの韋駄天走りはますます早くなっていく。

やがて前後に振る吉岡の手先でピンク色のパンティーが、強風に煽られる錦鯉のようにはためきつつ街角に消えていった。

雑木林の中で呆然として彼らの姿を見送っていた私は、

「ああ、奴らのせいで1億円がパンティーに化けてしまったか……」

憮然として呟いた。

そのときである。電柱のてっぺんに止まっていたカラスが、カー！　と鳴いて飛び去った。私にはその鳴き声が「まぬけ泥棒！」と言ったように聞こえたのだった。

くそっ！　カラスまでバカにしやがって！

天井の大ネズミ

●三人組再び、岐阜県にて

「世の中で泥棒ほどいい職業はないだろう。苦労することなく他人の金を頂戴できるのだから」、と揶揄する方がたまにいるが、事実はそんな生易しいものではない。

私の長い裏道人生のうちで、泥棒家業がどれほどたいへんであるかを立証できる、とんでもない経験をした岐阜県での話をしよう。

和歌山の田辺市内でレンタカーを借りた私たち、中屋三男（47歳）、吉岡勝之（36歳）の三人はその日も岐阜県高山市の農村地帯を荒らすべく、後方に流れゆく景色に鋭い視線を向けながら留守宅の家屋を探していたのだが、突然、

「あんなピチピチした娘を強姦してみたいな」

通行している20歳前後の女性に熱い視線を向けた吉岡が、大きな溜息をつきながら助手席で呟やいたのだ。

「またそんなことを言う。俺たちは女の尻を見に岐阜県まできたのと違うやろう。いくら大きな尻を見せても出るのは臭い屁だけや。それより金が出てくる家を探さんかい」

主犯である私は、後席から吉岡の坊主頭に向かって注意した。彼は異常に性欲が強く、家屋に侵入して女性の下着を見つけると、子供や婆さんのものでも犬のように臭いを嗅ぎまわり、ポケットに入れて持ち帰ってはそれをお菜にして、男の大切なものが赤剥けになるほどこすり続ける悪趣味があるのだ。

「吉岡さんは本当に助平やな。先日も侵入した家でセンズリをかいていたし……」

ハンドルを握っている色黒の中屋が、苦笑いしながら助手席の吉岡をチラッと見た。

「そうやな。あのときは俺もびっくりしたぞ。女の寝姿を見ながらセッセと手を動かしているんやから。大胆というかどアホと言えばいいのか、呆れて口がふさがらなかったぞ」

異常に助平なのが彼の欠点であるが、その反面人柄が良く憎めないところがあるので私も遠慮なく揶揄してしまう。

4～5日ほど前のこと、三人がそれぞれの家を狙って散っていったのだが、時間が経過しても吉岡が姿を見せないのだ。何をしているのだろう？　と首を傾けていると中屋が、

「吉岡さんならあの家に入っていったぞ」

と最近新築したらしい農家を指差したのだ。何をしているのだろう？　と思いつつ私が様子を探

りにいくと、廊下で下半身をさらけだした吉岡が、部屋の中を覗き見ながら、赤黒く膨張した自慢のチンボをゆっくりゆっくりこすっているのだ。

「なにをしているんや、このどアホが！」

吉岡の坊主頭を軽く叩いて室内を覗くと、身体の具合が悪いらしく14～15歳の少女がパンツをむき出しにして寝ているのだ。うわっ。これは吉岡ならずとも刺激が強すぎる。私は雨後の竹の子のように伸びはじめた下半身の異状を感じながら、彼を促して屋内を後にしたのだが、そのことを中屋が口にしたのだった。

「まあ、パンツを見て興奮するのは勝っちゃんの勝手やが、これからパンツを盗んで自宅に持ち帰るのはやめてくれよ、頼むぞ」

「なんでやね、青木さん」

吉岡が浅黒い顔に笑みを浮かべて言った。

「なんでもくそもないやろうが。逮捕《ぱく》られたときのことを考えてみろや。裁判のとき、検事が『被告たちは金銭を盗み取るほか、女性の下着まで盗む悪趣味があり、いずれ侵入した家で興奮のあまり女性を強姦しないとも限りません。依って、それらの習慣となっている悪い癖を矯正するには短期の服役では無理だと思いますので、検察官は被告人たちに10年の懲役刑を求刑します』と、とんでもない長期刑を求刑される恐れがあるぞ」

「そんなアホなことが、パンツ一枚盗んだくらいで10年も求刑するようなバカタレ検事は日本中探してもおらへんぞ」

後席を振り向いた吉岡が真っ白い歯を見せて笑う。

「まあ、パンツを盗んだくらいで長期刑を言い渡されることはないが、法廷で『被告たちは老婆の下着まで盗む好色悪辣な窃盗犯であり……』なんて言われたら格好が悪いからな」

「そうやな。青木さんの言うとおり『パンツ泥棒や！』なんて言われたら恥ずかしいからね」

ゆっくり車を走らせている中屋が、ルームミラーに映っている私の顔を上目使いで見る。空き巣をしながらの一人旅では寂寥《せきりょうかん》感を覚えることがたまにあるが、三人ともなれば話が弾み、時間の経過も早く、朝の8時に民宿を出発してから2時間が経っていた。

「さあ、いい時間となったからそろそろ物色するとしようか」

腕時計に視線を向けて二人に言った私は、前方の山裾に点在する農家を凝視した。空き巣をするには、午前の9時頃から午後の4時頃までが適切な時間で、それ以外の時間に強行するのは危険である。予定より1時間ほど遅れたが、順調にいけば午前中に2軒ほど荒らせるだろう。

広い畑の中を貫通する村道を700〜800メートルほど走ると、雑木山を背後にした20〜30軒の農家が近づいてきた。農家の前に広がる野菜畑には、麦わら帽子をかぶった5〜6人の男女が点在した状態で畑仕事をしている。

●大きな農家に侵入

ゆっくり後方に流れていく柿の木や豚小屋、家の前で立ち話をしている主婦。自転車に農機具を載せてペダルを踏んでいる老人。それらに視線を走らせながら、留守宅か、在宅しているか、と農家を凝視する。

「青木さん。あの家は留守と違うか。廊下にカーテンを引いているぞ……」

ブレーキを踏んだ中屋が、二階建ての古い農家に向かって顎をしゃくった。農道から50メートルほどの距離だろうか。広い庭をさえぎる青々とした生け垣がきれいに剪定されて、造形美を醸し出している。

その角張った生け垣の後方に、薄茶のカーテンを引いた廊下が見える。中屋が言うように確かに留守の様子を示しているのだが、カーテンを引いていても楽観はできない。

空き巣の先輩が、『廊下にカーテンを引いてある場合は間違いなく留守だ』と言っていたことがあったが、私の経験からするとその状況であっても、10軒のうち2~3軒が在宅していて危険な状態になったことがあるので、油断は禁物なのである。

「よしっ、一応様子を見てみるか」

頷いた私は中屋に指示して200メートルほど離れた山裾の空き地に車を入れさせた。農道に見知らぬ車を駐車させていると、目立って危険なのだ。ナンバーを控えられたら一巻の終わりで、長い刑務所生活となる。

以前に私は、三重県の津市で侵入する家の近くに駐車したために、ナンバーを控えられてたいへんな目に遭ったことがあるので、それ以後私は現場から離れた場所に駐車することにしていた。

下車した私たちは、傾斜のゆるい雑木林に足を踏み込んだ。目標の農家まで200メートルほどの距離があるので、枝葉の茂った雑木林を歩いていくのはたいへんだが、村道を歩き村人の視線を浴びるよりは安全である。

木漏れ日を浴び落ち葉や枯れ葉を踏みしめながら無言で進んでいく。やがて眼下に見える農家が二十数軒ほど後方に消えた。

「あの家やな」

ヒヨドリの甲高い鳴き声が静寂を破った瞬間、吉岡が、真下に見える大きな農家を指差した。

頷く私に向かって中屋が、

「道路から見ると大したことはないが、上から見るとかなり大きな家やな。庭も100坪以上あるのと違うか」

「そうやな。池もあって松の木も3本植えられているし、大きな庭石や灯籠も据えられているところを見ると、かなり裕福な生活をしているんやな」

「よしっ！　がっぽり稼いで、今夜は祝杯をあげるとしようか。楽しみやな」

〝捕らぬ狸の皮算用〟とかで、木漏れ日を浴びている吉岡の浅黒い顔が輝いた。

「勝っちゃん。そんなに喜ぶのはまだ早いぞ。留守か在宅かまだわかっていないのに……」

と苦笑しながら私は、たぶん留守だろうと思った。長年この仕事をしているとなんとなく察知できるのである。

家屋の裏に近づいて台所を覗くと、電気が消されて森閑としている。念のため玄関に足を向けて格子戸に手をかけたが動かない。完全に留守の状態である。不在の場合は玄関に鍵を掛けているのが通常。廊下に近づきカーテンの隙間から覗いてみたが、何ら人のいる気配は感じられない。

よしっ、完全に留守だ。裏に回った私は屈《かが》んだ中屋の肩を踏み台にして、鍵の掛かっていない浴室の窓から侵入した。台所や廊下のガラスを割って入るのはたやすいが、帰宅した家人に発見されて通報されると、逃走する時間が短くなって危険度が高くなるからである。

まず、不意に家人が帰宅したときのことを考えて、廊下のクレセント錠を外した。玄関や裏口から家人が入ってきても、うろたえることなく逃走できるからである。

家の構えから判断して、かなり家族が多いのであろうと玄関を覗くと、想像にたがわずいろいろな履き物が置かれている。おそらく二世帯か三世帯が同居しているに違いない。

いつものことながら、家の中に侵入したときの身震いするような高揚感を覚えながら、まず家屋に侵入したときにいちばん早く探す奥の間に向かった。タンス上部の小引き出しが目的である。そこには貴重な書類や貯金通帳、印鑑、株券などのほか、現金も入れられている場合があるので、絶対に見逃すことはできない。

中屋と吉岡の熱い視線を浴びながら小引き出しを開けると、茶封筒に入った分厚い札束が出てきた。100万はあるだろう。

「やったな!」

高ぶった感情を抑えきれないらしく、吉岡が弾んだ声を出した。

「どアホ、大きな声を出すな。俺たちは他人の家に侵入しとるんやぞ」

私が注意した。

「大丈夫、大丈夫。留守やから少しぐらい大きな声を出してもいいよ。なあ、中屋さん」

中屋に同意を求めた吉岡がニヤッと笑う。

「本当に困ったもんやな。勝っちゃんは」

愚痴を言った私は二人別々に探すように指示すると、タンスや押し入れを調べ出したが一銭の金も出てこない。二階に向かう吉岡の後ろ姿を見送った私は、中屋と二人で下駄箱、仏壇、鏡台、台所と時間をかけてゆっくり探したが、無駄な行為だった。

冷蔵庫の牛乳をラッパ飲みしている中屋を促した私は、木目の浮き出た古い階段を踏みしめながら二階に向かった。

建築後、100年ほど経っているらしい家屋は柱なども黒光りしているが、床も同様で、歩くときしむ音が響き神経を逆なでする。二階は3部屋になっているが、1部屋は雑多な家具を積み上げた倉庫になっていた。その隣室は薄茶色になった古畳を敷き詰めた6畳の部屋だったが、使用していないらしくムッとする熱い空気が充満していた。

きしむ廊下をさらに進んで、半開きになっているドアの中を覗いた私と中屋は、呆然となった。なんとなんと、壁際に据えつけてあるダブルベッドの上で、下半身を剥き出しにした吉岡が、ヒラヒラの付いたピンク色のパンティーを左手に持って、まさに天国に近づこうとしている最中だった。

「こらっ、なにをしているんや！　真っ昼間から！」

怒鳴りつけると、ベッドから転がり落ちた吉岡が、

「すんまへん」

慌てふためきながらズボンを穿いた。

「勝っちゃん。俺たちは空き巣にきたんやろうが！　センズリをかきにはるばる岐阜県まできたんか。どうや。金も探さんとチンボが赤剥けになるまでこすり続けるとは本当に呆れた男やな」

吹き上がってくる笑いをこらえて叱りとばす私の横で、中屋が大声で笑った。

「本当に呆れたど助平やな、勝っちゃんは。そんな気持ちのいいことは家に帰ってからにせいや。大事な金探しの時間を無駄にしやがって。それで金はあったのか？」

声のトーンを落とした私の前に、吉岡が8万円を突き出した。

「おっ、高崎山のサルみたいにセンズリばかりかいていると思ったら、することだけはちゃんとしてるんやな。今日は8万円の手前、それ以上は言わんが……」

苦笑いをしながら私は再び室内に視線を走らせた。ほかの部屋と違って鼻孔をくすぐる甘い香りが漂っていると思ったら、どうやら若い夫婦が使用しているらしい。

吉岡が持っていたド派手なパンティーや、大小さまざまなコケシ人形、サイドボードの上に置かれた額縁の写真、新品のベッド、タンス、洋服ダンスなどから推察すると、まだ湯気の立っている新婚さんだろう。

「さあ、これ以上探しても無駄やろう。引き上げて次の場所に行くとするか」

●家人が帰ってきた！

二人を促して部屋を出ようとした瞬間、玄関の方で騒々しい声がした。しまった！　家人が帰ってきたに違いない。窓から覗くと、中型のワゴン車と小型の乗用車から7〜8人の家族が下車しているところだった。

人数から推定すると、私が想像したように三世帯が同居しているのだろう。全員の服装が整っていることから判断すると、知人か親戚の家に祝いごとがあって出かけていたに違いない。

「どうする、窓から飛び降りるか」

　顔色を変えた吉岡が私の顔を凝視する。

「いや、ここから飛び降りたら頭を打って即死するか、大怪我をして逮捕されてしまうぞ」

「それならどうする……。階段を駆け降りて逃げるか、その方法しかないぞ」

　中屋が大胆なことを言う。

「いや。それもどうかな。顔を見られてしまうし、若い男が三人もいるので危険や。下手をすると捕まってしまうぞ」

「そうやな、ヤバイのう……」

　中屋が黒い顔をしかめて沈黙した。

●天井に隠れろ！

「それなら、青木さん。天井に隠れて家の人が寝てからそっと抜け出すか……」

　と吉岡。

「天井に隠れるって、どうやって天井に上がるんや？」

「あのな、青木さん。どこの家でも新築するときに電気の配線をするために、押し入れの上段に直径40センチほどの穴を開けているから、そこから天井に上がって隠れているんや。それしか方法がないぞ」

そう言った吉岡は、調べてみるから、と押し入れの上段に上がったが、すぐに穴が開いていると知らせた。彼は先ほど室内を物色しているときに見つけたらしい懐中電灯を持つと、自ら先頭になって、暗い穴の中に姿を消した。

最後に上がった私がフタを閉めたとたんに室内に足音が入ってきた。ヤバかった。一瞬、動作が遅れていたら発見されていたに違いない。まさに間一髪とはこのことだろう。

吉岡が懐中電灯で照らす梁《はり》の上に座った私たちは、神経を耳に集中したが、何をしているのやらなんの音も聞こえない。時間の経過とともに緊張感がゆるみ、梁の上に座っている体勢が苦痛になってきた。

都会の一軒家と違って、田舎の金を持っている農家では、直径が30〜40センチほどある梁を使用しているが電線に止まったスズメのように身動きもしないで座っていると、時間の経過とともに苦痛が倍増してくる。

懐中電灯で時計を照らしてみると、天井に逃げ込んでから2時間が経過しているだけだ。家人が眠りの底に落ちるまでまだ10時間ほどある。そうなると12時間、梁の上で過ごすことになるのだが、体力がもつであろうか？　小便も我慢できなくなるだろう。

私たちは数か所の節穴から漏れる光線を見ながら、小声で話していたのだがそれにも限度があっ

た。先ほどからこらえきれないほどの睡魔が襲ってきたのだ。私と同様に欠伸を連発していた吉岡が、

「こんなところで居眠りをしていたら天井の上に転げ落ちてしまうぞ」

「それなら天井の上で寝るか」

中屋も次々を襲ってくる睡魔に堪え難くなったらしく、情けない声を出す。

「そんなことをしたら天井が抜け落ちてしまうぞ」

「大丈夫や、青木さん。ネズミが走り回っているほどやから抜け落ちることはないって」

睡魔に犯された吉岡の脳は、正常な判断ができなくなってしまったらしい。

「どアホ、ネズミと人間の体重を比較する奴がどこの世界にある」

「しかし、静かに乗ったら抜け落ちることはないだろう。ゆっくりゆっくり静かにな」

中屋の脳も睡魔に攻撃されて悲鳴を上げはじめたらしい。

「よし、それなら試してみるか……」

中屋に懐中電灯を渡した吉岡が、梁にしがみつき天井に足を降ろした。

「ほれっ、大丈夫や。これなら三人が横になっても天井が抜け落ちることはない。安心して寝ることができるぞ」

そう言った吉岡は、真っ白く積った埃の上に大の字になった。それを見て安心したらしく、中屋が天井の上に足を降ろす。続いて私も彼らの動作に従った。天井の薄い板はすこしゆれて軋んだが、

静かにしていれば落下することはないだろう。正常な脳の働きも堪え難い眠気に襲われており、その時点でギブアップ。深い闇の中に引きずり込まれていったのだった。

●小便がしたい！

どれほど時間が経過したであろうか。誰かに身体を強くゆすられた私は目が覚めた。

「青木さん。小便がしたいんやがどうしたらええやろう」

「どうしたらええやろって、この状況なので辛抱するしかないやろう」

そう言った瞬間、私の小便タンクも風船のように膨らんでいるのを感じた。どうしよう、どうしよう。懐中電灯の光に浮かんだ互いの歪んだ顔を見ているうちに、吉岡が股間を両手で押さえて飛び起きた。

「勝っちゃん。寝ぼけているんと違うか。ここは天井、ゆっくり動かんと下に落ちるぞ」

びっくりした私は、吉岡に注意した。

「ああ、辛抱できん。小便袋がパンクしそうや。こうなったら便所とか天井とか言うておれん」

チンボを放り出すと、止めるまもなく放尿しだした。シャーッ！　水道の蛇口から迸《ほとばし》るような小便の勢いに、私と中屋が誘発された。こうなったら吉岡じゃないが、便所とか天井とか悠長なことは言っておれん。吉岡に右へならえで二人が同時に天井に向かって小便を発射しだした。

〝赤信号、皆で渡れば怖くない〟の心理状態が作用した私たちは、下に新婚ホヤホヤの夫婦がいることや、泥棒に入っていることも忘れて放尿を続けた。

やがて三人の小便タンクが小さくなってホッとした瞬間、下の部屋で、

「あなた！　天井から水が落ちているわよ！」

女性の甲高い声がした。

「水が……？　今日は天気なのに漏れるはずないじゃないか？」

否定する男の声がした。しまった！　小便なんかするんじゃなかった。後悔したが後の祭りである。どうしよう。ここに潜んでいれば袋のネズミだ。屋根に穴を開ける時間もないし、押し入れに降りて階段を駆け降りるしか逃走の方法がないかと思いつつ耳を澄ますと、

「それじゃ、ネズミか猫がおしっこをしたのかしら？」

再び女性の声。

「いや、ネズミや猫がこれほど小便をするものか。バケツにいっぱいほどもあるやないか。まさか、ネズミや猫が何百匹も天井に住み着いているとは思えんし、これはまさに世界の七不思議やな？　よしっ、天井に上がって調べてみよう」

男性の甲高い声が私の耳に突き刺さった。これはもう万事休すである。ほどなく男が押し入れの穴から懐中電灯を向けたらしく、私たちの姿が闇の中に浮かび上がった。

「ワーッ！　泥棒や！　泥棒が天井に隠れているぞ！」

鼓膜が破れるほどの大声で叫んだ。

雷のような大声に仰天した私たちが天井の上に立ち上がった瞬間、バリ！　バリ！　大音響とともに私の身体が空間に浮き、次の瞬間、全身に鈍い衝撃を受けた。

真っ白い埃がまい上がる中で、吉岡と中屋が私を抱え起こして怪我のないことがわかるやいなや、我先にと階段を駆け降りていった。

それに続く私の目前に茫然とした表情で突っ立っている5～6人の家人がいたが、それらの人垣を突き飛ばして表に走り出た。

「あぁ、死んだかと思った！　二度と天井なんかに隠れたりせんぞ！」

額や手足の擦り傷に唾をつけながら吉岡と中屋が埃で真っ白くなった顔を歪めた。

その珍奇な事件が勃発した3か月後に、私たちは逮捕されたが、私たちに向かって刑事が顔を崩すと、

「被害者の全員が口をそろえてな、『飛行機が落ちてきた、と思った！』と言っていたぞ」

と、白い歯を光らせた。

証拠は小さな鏡

●突然の逮捕

前夜、大阪市西成区のホテルに一泊した私は、喫茶店でコーヒーでも飲もうと交差点を渡っていたところ、目つきの悪い三人の男に呼び止められた。

「青木やな！　和歌山の串本署から切符(指名手配)が出ているので、西成署まで同行してくれるか」

三人の刑事はすばやく私を取り囲むと、指名手配書を見せて、両手に手錠をかけた。

西成署に連行されながら、

(あの事件が発覚することは絶対にないはずだが？　証拠となっている指紋は時間をかけて完全に拭き取っているのだから。なぜだろう？)

と、心の中で自問自答を繰り返していた。

西成署の捜査官に緊急逮捕された後、簡単な取り調べを受け、数時間後に和歌山県の串本署に護送された。平成4年の5月初旬のことである。

●小型車を盗む

その日から1か月ほど前のある夜のこと、田辺市の郊外で鍵付きの小型車を見つけた私は、ためらうことなくドアに手を伸ばした。大阪刑務所を出所したばかりだが、一度心に染みついてしまった悪の垢は、生半可な努力では洗い流せるものでなく、再び悪事を重ねるようになってしまったのだった。

黒のスターレット（小型車）を入手した私は、東は神奈川、西は九州まで足を伸ばして国道沿いの商店を荒らすようになっていたのだが、勘が鈍ってしまい何をしても上手にやれないのだ。

昨夜も和歌山市内の商店に侵入したのだが、不覚にも就寝中の主婦の頭にけつまずき、仰天した彼女に騒がれて逃走。苦い思いをかみしめながら、今夜こそヘマをすることのないようにと、国道42号線を走っていたのだが、24時間ほど一睡もしていなかったので、田辺市を通過した頃より堪えがたい睡魔が襲ってきたのである。

ヤバイ！　頭の中で警報が鳴りはじめた。蛇行運転でもして事故を起こすとか、不審車と思われて職務質問でもされたら最後だ。しばらく走って国道の横に広がっている空き地に車を乗り入れた。

廃業になっているレストランの前が、２００坪ほどの空き地になっているので休息するにはいい場所だが、国道から見て死角がないのだ。ここではヤバイ、脳の中で警報が鳴り出したが、襲ってくる睡魔が思考を振り払ってしまい、瞼が重くなってきた。シートを倒すと同時に深い眠りの底に落ちていったのだった。

●逃走

どれほど時間が経ったのであろうか。目覚めると夜が明けているのだ。しまった！　こんな場所で寝てしまうとは！　慌てて半身を起こすと誰かの話し声が聞こえてきた。こんな空き地に人が？　不吉な予感がして前方を見ると、二人の男が視界に飛び込んできた。

二人とも30歳ほどであろうか。体格のよい目付きの鋭い男たちである。彼らは車から12～13メートルほど離れた場所で立ち止まって話をしていたが、私の顔を見ると近づいてきた。

「ナンバーを見たらわかる……」

と彼らは言って、私の顔を凝視しながら車の後部に回り込んできたのだ。ヤバイ！　一瞬にして危険な事態を把握した。車を盗んだ家の真向かいに運送会社があったが、彼らはそこで働いている運転手に違いない。ナンバーを見たらわかる、と言ったところをみると、車の持ち主と交友関係にある人物なのであろう。その運転手に発見されるとは、まさに天罰テキメンである。

私は彼らが車の後部を覗き込んだ瞬間、素早くドアをロックしてエンジンをかけた。同時に凶暴な顔つきになった二人が、

「間違いない！　鉄也の車や！」

叫んでドアに飛びついてきた。

「コラッ！　逃げるな！」

手のひらで窓を叩く二人を撥《は》ね飛ばすような勢いでダッシュしたスターレットは、強烈なエンジン音を響かせながら道路に向かって突進した。

後ろから首筋をわしづかみにされそうな恐怖心に襲われながらルームミラーを見上げると、道路の横に停めてある大型貨物車に飛び乗る二人の姿が映った。ルームミラーで見ながらしばらく走った私は、国道42号線から左折して細い山道に車を向けた。

あと15～16キロほど走れば、串本署の警部派出所がある周参見《すさみ》町で、追跡してくる彼らに連絡されると、〝飛んで火に入る夏の虫〟になってしまう。200メートルほど走ったところで放置しているらしい野草の生えた畑に車を乗り入れた。

一晩この場所で過ごして、検問が解除されるであろう明日になってから新宮方面に向かうつもりであったが、ケチのついた車で走るのは危険である。そう思った私は、せっかく手に入れた車であるが捨てることにした。

そうなると、国道からそれた場所とはいえ、いずれ誰かに発見されて、車内に付着した指紋から私の犯行であることが発覚して指名手配されるだろう。となれば、車を焼却するか指紋を消して、証拠隠滅をしておかなければならない。

どちらにしようか……。と迷った結果、指紋を消すことにした。助手席のシートに凭《もた》せかけてある大型の紙袋から手袋を取り出した。その後、車の床やシートにも毛髪や着衣の繊維が付着していないか徹底して調べたが、それらの遺留品は発見されなかった。

残るは指紋を消すことだが、自分が触ったと思う箇所だけでは見逃してしまう恐れがあるから、完全に触っていないエンジンの部分だけを残して床から天井に至るまでくまなく拭き取った。

1時間ほどかけて、これで大丈夫だと思う納得のいく作業を終えて、日の暮れるのを待って周参見方面に向かって歩き出した。新宮発の〝特急くろしお〟で大阪に行くつもりだが周参見駅から乗車するのは危険ではないか……、と危惧の念を抱きつつ駅舎の様子を窺ったが、刑事の張り込みもなく無事に乗車することができた。動き出した〝特急くろしお〟の座席でホッとしながら眠りの底に落ちていったのだった。

●なぜ逮捕されたんだろう?

その後、悪運つきて逮捕された私は、串本に護送される列車の座席で、

(完全に指紋を拭き取り、目に見える残留物もすべて処置したのに、串本署はなぜ指名手配したのであろうか?　車を放置したのは串本署管内であるが、ほかの事件はやっていないので、車の件には違いないのだが……。徹底的に後始末をしたのにどうして発覚したのであろうか?)

と、疑問の渦に巻き込まれながら、流れゆく太平洋の青い海原をぼんやりと眺めていた。

串本駅には54～55歳の背の高い細身の刑事と28～29歳の太った目の鋭い刑事が私たち三人を出迎えにきていた。過去の経験から判断すると年配の黒縁の眼鏡をかけた男が部長刑事で、頭を角刈りにした極道風の男が補佐役の刑事であろう。

署に連行され、年配の部長刑事から簡単な尋問をされただけで留置場に入れられた。通常であれば手配した件について取り調べを開始するのだが？　留置場の看守に聞くと、

「旅の疲れがあるので考慮してくれたのではないか……」

とのことだった。

●狸と狐の騙し合い

翌朝、昨日の部長刑事が取り調べ室に連行すべく留置場に姿を現した。署の裏側に面した小さな取り調べ室に入ると、

「お前の取り調べをすることになった橋本だが、よろしく頼むぞ」

私の両手首にかけられた手錠を外しながら浅黒い顔に笑みを浮かべた。頭頂部が薄くなっているが、黒縁の眼鏡をかけた細面の顔には刑事特有の鋭さがなく、温和な重役タイプのような雰囲気を漂わせていた。

橋本部長刑事は、ベテランの刑事であれば必ず用いる、被疑者の頑なな心を和ませるための世間話を30分ほどしていたがやがて、

「今回お前が指名手配された件で話を聞かせてもらうからな……」

表情を引き締めると、机の引き出しから罫紙を取り出した。

「刑事さん。話を聞かせてもらうってなんのことですか。なんで身柄を拘束されたかその理由がわからんのですよ」

橋本部長刑事の目を凝視しながらとぼけた。裁判長が逮捕状を出そうが、なんの証拠も残していない確信があるので、最後まで否定して証拠不十分で釈放されるつもりだった。逮捕後48時間以内に検察官が起訴に持ち込めないときは、不起訴処分にするか、起訴猶予で釈放しなければならないことは過去の経験で知っていたからである。橋本部長刑事は私の否定にも顔色を変えることなく、

「そんなことはないやろう。落ち着いて自分のしたことをもう一度よく考えてみることやな……」

腕組みをした状態で、笑みを浮かべた切れ長の目を私の顔から外さなかった。

「そんなことはないやろうって、いったいなんのことですか。訳がわかりませんよ」

「訳がわからんって、とぼけたことを言っても通用せんぞ、青木よ。いい加減なことで裁判所が逮捕状を出すと思うか。ちゃんとした証拠があるからや。お前も初犯じゃあるまいし、そのへんのことは百も承知しているやろうが」

橋本部長刑事の顔から笑みが消えた。

「だったら、その証拠とやらを見せてくださいよ。そのほうが刑事さんも手間がかからず手っ取り早いと思うのですが……」

「いや、わしはお前の口から白状してほしいんや。そうすれば裁判長のお前に対する印象も良くなるからな」

まばたき一つせず、私の胸中を見透かすような目を私の顔から離さなかった。

「なにを白状したらいいんですか。はっきり言ってくださいよ!」

「そんなことを言うなよ。否認した状況で起訴されると、裁判長の心証を悪くして減刑になる刑もならんことになるぞ。今も言ったようにお前も初犯ではないのだから、そんなことくらい百も承知しているやろうが」

心理的な作戦であろうか。それとも癖になっているのか橋本部長刑事は、指先で机をコッ! コッ! 間隔をおいて叩きながら私の顔を凝視していたが、その切れ長な目に再び笑みが浮かんだ。

(狸刑事めが! 白状させようとしているのか。そうはいかんぞ。正直に言えば、2~3年ほど刑務所で臭い飯を食べないかんからな)

と私は心の中で呟いた。刑事と被疑者の関係は狸と狐。騙《だま》し騙されての間柄であるから、油断は禁物である。

「そんなこと言われても困るんですよ、刑事さん。俺は法律に違反するようなことはなにもしていないのですから……」

「なにも困ることはなかろうが。正直に言ってくれたらいいだけやから、たやすいことやないか。なあ青木よ」

「だから正直に言っているじゃないですか。法律に違反するようなことはしていない、と。それでも起訴するのであれば、無実の人間を罪人にしてしまうことになりますよ」

私の抗議に橋本部長刑事は、

「無実の人間か……」

と呟いて、凝視していた私の顔から視線をそらした。小さな取り調べ室に気不味《まず》い沈黙が、5〜6分ほど続いた後、橋本部長刑事は、細面の整った顔に笑みを浮かべて再び世間話をはじめた。頑なに否定する被疑者の心を柔らかくほぐしたところで、事件の話にスイッチを切り替える刑事の常套手段である。

「おう、可哀そうにな！　そんな家庭環境の中で育ったのだから悪いことをするのも無理がないわな。よしっ、その点は意見書に書いて裁判長に減刑してくれるよう頼んでやるからな……」

というふうに、涙を目に浮かべて、もらい泣きする被疑者の肩を抱きながら慰める海千山千の役者刑事がいることは、過去の経験でよく知っているので、巧みな話術に引っ掛けられないように心を引き締めていた。

●不起訴への期待

午前中は橋本部長刑事の一方通行の話で取り調べが終了した。昼食のために留置場に戻ったが、意外なことに、午後になっても定期の呼び出しはこなかった。

翌日になっても取り調べ室に向かうことなく、薄暗い室内で膝を抱いた姿勢でどうして呼び出しがないのだろう？　証拠がないので釈放になるのではないだろうか……。自問自答を繰り返していた。

確実な証拠があれば、刑事は10分も無駄にすることはしないはずである。となれば、これは間違いなく釈放になるのだ。確信が胸中に広がった。

起訴になるか不起訴になるかは、逮捕後から48時間で決定するので、不起訴で釈放されるのであれば、時間のタイムリミットはあと3時間である。看守の書類を捲《めく》る音が響く静寂の中で、私は柱時計の長針の動きを視線で追い続けた。永遠と思える長い時間がゆっくりと過ぎ、2時間が経過した。あと1時間すれば釈放である。

書類に視線を落としていた看守が、時計の針が5時を示したとき、電話で官弁（留置場で出される弁当）の注文をした。6時になれば釈放されるのになぜ、官弁を頼んだのであろうか？　一瞬そう思ったが、看守は私が釈放になることを知らないのだ。知っているのは裁判長と検察官だけである。5時45分に夕食をすませた。あと15分したら薄暗くて陰気な留置場ともお別れだ。6時になれば看守が扉を開けて

「青木！　不起訴になったから出なさい」

鉄棒を埋め込んだ扉を開けて領置品の確認をするだろう。私は時間が停止したのでは、と思うほど動きの遅い柱時計の針を凝視しながら固唾を飲み込んでいた。

5分前……、4分前……、3分前……、2分前……、1分前……。その瞬間、担当台の上に置いてある電話機のベルが静寂を破壊した。検察庁からの釈放命令だ。看守が受話器を掴んだ。

「ハイ！　ハイ！　わかりました」

低い声で対応した50歳前後の看守が、扉の前に近づいてきた。解錠するのだ。黒い影となって私の前に立った看守を見上げた。心臓が鼓動を打った。

「青木、起訴になったからな」

私の期待に反して、重い口調で起訴決定の通知をしたのだ。

起訴……。私の全身から力が抜けていった。不起訴になれば15〜16分後には自由の身になれるが、起訴になれば前科があるので3〜4年の刑務所生活をしなければならない。

検察は確たる証拠があるから起訴したのだろうが、それはどんなものだろか？　2〜3時間ほど

考えたが、証拠がどんなものか思い出すことができなかった。

翌朝、留置場から取り調べ室に連行された私に向かって、

「なあ、青木よ。いくら否定しても頑張っても起訴されてしまったからにはどうにもならんぞ。検事も証拠がないのに起訴するようなことは絶対にせんからな。お前も前科が山ほどあるんやから、そのへんの事情はわしが説明せんでもよくわかっているやろうが……」

橋本部長刑事が諭すように言った。

「しかし刑事さん。検事が起訴しようがやっていないことは、やっていない、としか言いようがないでしょう！」

私は再び否定した。いくら証拠があろうと、いまさら自分がやりました、などと格好の悪いことを言えたものではない。

「強情やのう。わしはお前から『すみません。自分がやりました』と言ってくれるのを待っていたのだが、この調子だといつになっても喋ってくれそうにないからやむを得んのう、こうなったら……」

●証拠

ため息をついた橋本部長刑事は、立ち上がって刑事部屋に顔を突き出した。

「古根川くん！　あれを持ってきてくれんか」

あれってなんだろう？　私は全身が硬直するような緊張感に襲われながら、古根川刑事が姿を現す入り口に視線を固定した。軽い靴音がしてプロレスラーのような体格をした古根川刑事が、右手に小さなビニール袋を持って取り調べ室に入ってきた。

ビニール袋を見た私は、全身から力がスーッ、と抜けていくような脱力感に襲われた。透明な袋の中には、逮捕されるまで使用していた手鏡が入っていたのだ。石鹸などの日用品と一緒に大型の紙袋に入れて車の助手席に置いていたのだが、それがなぜ刑事の手にあるのだろうか……？

その時点に至っても私は車を捨て逃走するときの証拠隠滅に自信を持っていたのである。

「この手鏡はお前のものやろう……」

橋本部長刑事はおもむろにビニール袋から取り出した手鏡を、私の前に突き出した。

「いえ、違います。そんな鏡は見たこともありません」

〝盗人猛々しい〟、とはこのことだろう。いまさら自分のものだとは言えないので首を横に振った。

「そうか……。お前のものじゃないのか……」

私の目を覗き込むように凝視していた橋本部長刑事が、２〜３回小さく頷いた。

「何度言ったらわかってもらえるんですか。そんな女が使用するような鏡など持ったことはないですよ」

「なるほど。持った覚えはないというのか。それなら言わせてもらうけどな、この鏡は車の助手席の隙間に挟まっていたものやでぇ、青木よ」

「スキマ……」

呟いた私の脳裏に、薄茶色をした助手席のシートが鮮明に浮かんだ。

「そうや、スキマや。車のシートの間に挟まっていたんや。ほかの部分は小さなゴミに至るまで残っていないし、指紋も完全に消されていた。まさにプロの仕業ではあるが、人間だからミスをすることもある。それが今回の事件や。一つだけ完全な証拠を残していたんやな」

橋本部長刑事は一瞬、言葉を切って私の目を凝視した。

「それが鏡でな。これにはお前の指紋がベタベタ付着しているから言い逃れはできん。そうやろう、青木よ。それが車の中にあったとなればその車を盗んだのはお前ということや。そやから逮捕状がでたんやでぇ」

橋本部長刑事の顔にかすかな笑みが浮かんだ。

「それに、お前が車の中で寝ていたのを目撃した運転手にきてもらって、あそこから……」

壁に取り付けられた横30センチ、縦40センチほどのマジックミラーを指差して、

「お前の顔を確認してもらったところ、二人とも『間違いない！　この人です』と、はっきり言ったんや。そんなことやからこの状態で否認を続けて裁判にかけられると、改悛の情なしとして厳罰に処されるぞ」

私を諭すように柔らかい口調で言った。これは脅しではなくて、証拠があるにもかかわらず否認の状態で裁判にかけられると、通常の判決より重くなるのは事実である。

私は否認することを断念した。この状態を続けても何の得にもならず、社会復帰が遅れるだけだ。

「すみません。お手数をかけて申し訳ありませんでした」

格好の悪いことだが、頭を下げて謝罪するしかなかった。大きく頷いた橋本部長刑事の顔が和んだ。

「それにしてもヘマなことをしたもんやな。指紋の付いた鏡を盗難車の中に残すとは……」

「シートの間も調べたのですが……」

「いや、あの状態なら誰でも見逃していたやろう。わしも気がつかなかったからな、最初は」

「私は車の中で鏡を使用したことがないので、おそらく、助手席に置いた袋が倒れたときに滑り出て、シートの間に食い込んでしまったんですね。きっと……」

「うむ。〝天網恢々疎《てんもうかいかいそ》にして漏《も》らさず〟という戒めの言葉があるが、まさにそのとおり、悪事はできんもんやな。小さな鏡がお前の人生を3～4年ほど無駄にしてしまったことになるからなぁ」

「そうですね。鏡が証拠となって私の手に手錠をかけてしまったのですから」

私は鉄格子の間から青空を見上げた。

女房を盗まれた！

●パチンコ店に就職

桜の花が満開になった4月10日の朝、４年の服役を終えた私は大阪刑務所を出所した。

春の姿婆は日差しも明るく、行き交う人々の表情も活気を帯びているが、刑余者で帰る場所もない天涯孤独の身では駅に向かう足取りも重かった。

刑務所では衣食住すべてを国が保証してくれるが、出所すればその日から自分の力で生きていくしかない。刑務所で稼いだ僅少な金では、４～５日もすれば使い果たして路頭に迷ってしまうことになる。

どうしよう……。再び悪事をするかと思いつつ、とにかく地理に詳しい和歌山市に足を向けることにした。

その夜のことである。煌めくネオンの輝きに誘われて繁華街を彷徨っていると、パチンコ店の求人広告が目に飛び込んできた。

マジックで書いてある条件は悪くない。社会に馴れるまで働いてみるかと決断。その足でパチンコ店に向かうと、身分証明書や保証人の必要もなく即決で入店することができた。

スーツケースだけの身軽な私は、個室を与えられて翌日から働くことになった。給料はサラリーマンの初任給程度のものだが、食事と部屋は無料だから贅沢はいっていられない。まずは生活の基盤を確保してから再び悪事を重ねるかそれとも更生の道を歩むか、時間をかけて考えようと、その時点で思ったのである。

翌日の9時に事務所に向かった私は、マネージャーから5名の従業員を紹介された。副マネージャーの吉川健一（49歳）、川上明夫（23歳）、川田道子（62歳）、宮本信子（45歳）、若井和子（51歳）。

以上の従業員を紹介したマネージャーは、加山雄三（58歳）と自己紹介。その容姿は吉本興業のアホの坂田そっくりで、身長も175センチある私の肩ほどしかない。

後日、副マネージャーの吉川が、私に耳打ちしてくれた話によると、彼は人が良くて朗らかなので従業員の受けはいいのだが、たまに女子従業員の尻を撫でて怒鳴られるのが玉に瑕とかである。

以前、神戸の遊戯店で働いているとき知り合った26歳の人妻を得意の口車に乗せて、相手の夫に気づかれる寸前に彼女と手を取り合って和歌山市に逃げてきたとのことで、現在近くのマンションで蜜月生活を送っているとのことだ。

その愉快なマネージャーの指示で働くことになったのだが、パチンコ台が500台もあるにもかかわらず従業員がマネージャーを含めて7名しかいないので、目が回るほど忙しく体力の消耗も激しい。

そんな私の様子を察したらしく、

「あと4～5名ほど入店してくれたら助かるんだけどな……。実は青木くん、三日前まで東京からきた五人組が働いていたんだが、給料のいい店に移ってしまったんだよ。そんなことでたいへんだが、次の店員がくるまで辛抱してください」

マネージャーが毛の薄くなった頭を下げたのだった。

「一人でもいいですから早く入店してほしいものですね」

田辺市に妻子を残して住み込みで働いているという吉川が、マネージャーに向かって頷いた。

●新入りがやってきた

その日より12～13日経った夜の8時ごろである。全員が首を長くして待っていた三人の男が店を訪れたのだ。まさに〝鴨がネギを背負って猟師の胸に飛び込んできた〟ようなもので、マネージャーを含め全員の顔が綻んだのは言うまでもない。

「京都からきました青田です。よろしくお願いします」

映画俳優の田村亮によく似ている40歳前後の男が、ニヒルな顔に笑みを浮かべて、

「こちらが福永くん、こちらか山本くんです。よろしくお願いします」

どちらも22～23歳と思う男たちを紹介した。

「人員が少なくて困っていたんですよ。本当によくきてくれました」

よほど嬉しかったらしく破顔したマネージャーが大きな声を出した。

「困ったことがあったら遠慮なく言ってください。なんでもさせていただきますので……」

私には見せなかった歓迎ぶりである。電話で駆けつけてきた経営者の金栄子の印象もきわめてよかったらしく、色白の顔に笑みを浮かべて、

「この人たちにビールでもご馳走してやってちょうだい！」

マネージャーに一万円札を一枚渡したのだった。

●食うわ食うわの新入りたち

私がビールを買いに走り、

「朝からなにも食べていないので」

と嘆願する彼らのために、近くの寿司屋から三人前の寿司が取り寄せられた。

7～8本のビールは瞬く間に飲み干され、寿司も凄いスピードで彼らの胃袋に収まってしまった。

朝から何も食べていないというのはどうやら事実らしい。

しかし、彼らの胃袋はその程度の饗応では満足できなかったらしく、事務室に戻っていたマネージャーを呼びつけると、

「明日から一生懸命働かせてもらいますのですいませんけど、ビールをあと7～8本と鰻丼を三人前ご馳走して頂けませんか」

青田が真っ赤に染まった顔に追従笑いを浮かべた。あまりの身勝手さに、本来なら人の良いマネージャーも気分を害するところであろうが、何しろ人員不足で悩んでいたところなので逃げられてはたいへんと思ったらしく、

「は、わかりました。すぐ取り寄せますので！」

平身低頭、笑みを浮かべて特上の鰻丼を取り寄せたのだった。

彼らはその後、台所のシャモジをマイクの代用にして、下手な演歌を次から次に歌い続けるドンチャン騒ぎ。ご機嫌伺いのためらしく食堂に顔を出したマネージャーに向かって、

「いやー。僕たちは長年あちこちの店で働いてきましたが、あなたのように気さくで腹の太いマネージャーは初めてですよ。なあ福永くん！」

色白の福永に顔を向けた青田は、再びマネージャーに向かって、

「あなたのようなマネージャーに使って頂けるのは、僕たちにとって光栄ですので、この店に骨を

埋める覚悟で頑張りますのでよろしくお願いします」

深々と頭を下げたのだった。

マネージャーは再び無心をされるのでは？　と危惧の念を抱いたらしいが、「マネージャーのおかげで腹もふくれたし、明日の仕事に差し障りがあると申し訳ないので、これで休ませて頂きます」

足下の定まらない二人を促して座居部屋に向かった。その後ろ姿を見送ったマネージャー、「青木くん、これで楽になるぞ。ホッとしたよ。良い人たちがきてくれたもんだ」

私に笑顔を見せて食堂から出ていった。

●食い逃げだ！

翌朝のことだった。今日からは楽になれるぞ、と思いつつホウキを持って表に出ると、いつもは遅く出勤してくるマネージャーが、珍しく竹ボウキでゴミを掃き集めているのだ。

挨拶をする私に顔をしかめて、

「青木くん、彼らはどうした。もう起きてきてもよさそうなもんだが」

「二日酔いで起きられないいんじゃないですか。昨夜はかなり酔っていましたから」

「そうやろな。昨夜は遅くまで騒いでいたから目が覚めんのやろうな。青木くん、すまんが起こしてきてくれんかな！」

と頼まれた私は、座居部屋に赴きドアをノックしたが、室内からは何の反応もない。

「青田さん！　マネージャーもきていますので起きてください！」

大声を出してドアを叩くと。どうやら鍵を掛けていないらしい。取っ手を引いて室内を覗くと、布団は三組とも敷きっぱなしで、彼らの姿が見えないのだ。

不審に思って部屋中に視線を走らせると、彼らが手に提げていた大型のスーツケースも消えているではないか。ここに至って三人組が逃げたことを悟った私は、表に向かって走った。

「マネージャー！　奴らの部屋は空室になってますよ！」

「なにっ！　部屋を間違えたんと違うか？」

「なにを言ってるんですか！　座居部屋は一つしかないじゃないですか。奴らは逃げたんですよ！」

「まさか。あれだけ面倒を見てやったのだから逃げるようなことはせんやろう。どれ、俺が確かめてくるから」

人柄の良いマネージャーは、私が寝ぼけていると思ったらしく、急ぎ足で座居部屋に向かったが、まもなく姿を現すと、

「食い逃げや！　青木くん、見事に騙されたよ。なにが『明日から一生懸命働かせてもらいます』だ。これは無銭飲食の詐欺だよ」

「本当に筋《たち》の悪い奴らですね」

「青木くんはこの業界で働くのは初めてで知らんだろうけど、こういうことがときどきあるんだよ。油断していると鼻毛どころか尻の毛まで抜かれてしまうことになるぞ」

見事な騙しに怒りも吹き飛んでしまったらしく、愛嬌のある顔に苦笑を浮かべるマネージャー。

「食堂で食い逃げすれば逮捕されるが、パチンコ店は食堂ではないから食い逃げしても訴えられることはない。それを百も承知しているから、全国を渡り歩くパチンコ浪人の中にはこんな奴が多いんだよ」

マネージャーが眉間の間に深いシワを刻む。それにしても、空腹を満たすために遊戯店を訪れて夜中に逃げるとは、呆れてものが言えんとはこのことだろう。

●新たな事件

しかし、食い逃げなどは序の口でまだ可愛いものだ、と言わざるを得ない事件が私とマネージャーの身に起きるとは、その時点では〝神のみぞ知る〟であった。

食い逃げ事件があって6か月ほど経った日のことである。閉店間近になった9時半ごろ、前回の食い逃げ犯と同様に、大型のスーツケースをそれぞれの手に持った三人組が、働きたいのですが、と店を訪れた。

また〝鴨がネギを背負って飛び込んできた〟ようなものだが、前回の食い逃げ事件で苦い汁を飲まされているので、経営者の金栄子も、ビールでもご馳走して、とは言わずに、

「食堂でお茶でも飲ませてやってちょうだい」

と、格下げして一万円札も出そうとしなかった。

「神戸からきました山下です。よろしくお願いします」

深々と頭を下げた男は50歳前後であろうか。中肉中背で端正な顔立ちをしていて、口数も少なく一見したところ実直そうな男である。

その横で、

「高岡と申します。よろしくお願いします」

色白の顔に笑みを浮かべた男は31〜32歳。頭は今どき珍しい坊主刈りだが、目鼻立ちの整った顔をしているので女性に好かれそうなタイプである。

次に、

「間宮です。よろしくお願いします」

軽く頭を下げた男は27〜28歳ほどであろうか。中肉中背で頭髪は肩まで伸ばしているが、あばた面で醜男の類に入る男である。

前回の三人組と違って彼らは感じが良かった。経営者の金《キム》は前回の失敗があるので歓迎はしな

かったが、マネージャーはさすがにお茶だけでは失礼だと思ったらしく、自腹でビール3本とカレーライス三人前を取り寄せた。

彼らはその後、マネージャーと雑談をしていたが、やがて私の後に従って座居部屋に向かったのだった。

実は先ほどマネージャーが私に、

「青木くん、すまんが今夜から彼らと一緒に寝て見張ってくれんか。また以前のように夜逃げされたら困るからな」

と頭を下げたのである。

「しかしマネージャー、彼らは以前の男たちと違ってなんの要求もしなかったじゃないですか。だから夜逃げすることは絶対にないと思いますが……」

「いや、食い逃げではなくてな、先ほど給料の話をしたとき、山下が一瞬、眉をひそめたから働く気がなくなったんじゃないかと思ってな。だから夜逃げしないように見張っていてほしいんだよ」

マネージャーとそんな会話を交わしていたので同居することになったのだが、彼らは疲れていたらしく、ほとんど話すこともせず鼾をかきはじめた。

翌朝私が目覚めると、彼らは店の規定である純白のワイシャツに青色のチョッキ、真っ赤なネクタイ姿で洗面所に立っていた。それらの様子から判断すると、マネージャーの危惧はどうやら杞憂にすぎなかったことが判明したのである。

日中に彼らの様子を見ていると、夜逃げするどころかよく働くこと。赤ランプが点くとネズミのように店内を走り回って処理するので、私もほかの従業員も大助かりである。マネージャーも事務所で机の上に足を伸ばした状態で、マンガ本を読み耽る有り様である。

彼らがくる前は私と井上、副マネージャーの吉川がホール内の行動隊で、目が回るほど忙しいときはマネージャーが手伝ってくれていた。そんな過酷な仕事が、三人組が入店したので楽になり、ホッとする日が続くようになったのだが、3か月ほど経ったある日のことだった。

私と気が合うらしく友だちのような関係になっていたマネージャーが、

「青木くん、俺はあの三人組を信用していたんだが、最近どうも様子がおかしいんだよ。出玉が異常に多い台があるので不審に思って注視すると、釘師が調整した天釘と両サイドの釘が開いているんだ」

口を閉じたマネージャーは、赤ランプを消している山下の後ろ姿から視線を逸らすと、

「おかしいな、と思って閉店後に調べてみると、開いていた釘が元通りになっているんだ。これはお客が台の鍵を偽造して持っているか、あの三人組と結託してガラスを開けているかのどちらかだと思う」

一瞬言葉を切ったマネージャーは再び口を開いた。

「そんなことで吉川くんと井上くんにも注意してくれるよう頼んだので、青木くんも彼らの行動を監視していてください」

朗らかでいつも店員を笑わせているマネージャーが、深刻な表情で言った。

翌日から四人の厳しい視線が、彼らの動きを追うようになった。

その後、三人組も私たちの執拗な視線を感じとったらしく、マネージャーが、

「彼らは見張られているのに気づいたらしく出玉が通常に戻ったよ。現場を発見したら警察に連絡しようと思っていたのだが、悪さをしなければ、人手も足りないので注意しないでしばらく様子を見ていることにするよ」

ホッとした表情で言ったのだが……。

翌朝のことである。目覚まし時計の音で目覚めた私は、枕を並べて寝ていた三人の姿が見えないことに気づいた。三人とも洗面所か便所に行っているのだろうか？　と思った瞬間、6か月前の事件がフラッシュバックした。

奴らも逃げたのだ。私は部屋中に視線を走らせて仰天した。

ハンガーに掛けてあった私のスーツが消え、切り裂かれたバックから5万円が財布ごと盗まれているのだ。

くそっ！　友だちの服や金まで盗んで逃げるとは……。血圧が一気に上がるのを感じた。

マネージャーに通報すべく事務所に向かって走った。

「奴らが逃亡しましたよ！」

「なにっ！　逃げた？」

金庫を開けていたマネージャーが目を剥いて叫んだ。

「奴らは俺の金まで盗んで逃げたんですよ！」

「金まで盗んだとは……」

「金だけじゃなくスーツまで持ち逃げしたんです！」

「そうか。君の背広まで盗んでいったのか。一緒に仕事をしている同僚のものまで持ち逃げするとはけしからん！」

顔を赤く染めたマネージャー。

「台の不正行為はともかく、金まで盗んだとあっては警察に届けて逮捕してもらわんとな」

電話をかけるらしく足早に事務所に向かったが、まもなく真っ青な顔で戻ってくると、

「青木くん！　盗まれたのは君だけじゃないぞ。情けないことだが俺も盗まれたよ」

「えっ、マネージャーも盗まれた？　いくら盗まれたんですか。大金ですか。それとも！」

「いや、俺が盗まれたのは金じゃなく、生きている女房なんだ！」

日頃はやさしいマネージャーの目が怒りで燃えていた。

「あの美しい奥さんが盗まれた⁉」

「そうだよ。情けないことだがこれを見てくれ」

震える手で一枚の便箋を差し出した。

『長い間お世話になりましたが、あなたとお別れすることにします。お許し下さい。美奈子』

短い文が並んでいた。

人妻だった彼女は、神戸のパチンコ店で働いていたところをマネージャーに口説かれて、手に手をとって和歌山市に逃げてきたとのことだが、〝因果はめぐる小車〟とやらで、今度はマネージャー自身が最愛の妻に裏切られてしまったのだ。

彼女はオカッパ頭の美人なので、一目惚れした山下が口舌あざやかに接近して、彼女の心を奪ってしまったのだろう。

それにしても同僚の服や金を盗み、意思表示のできる人妻まで盗んで逃げるとは……。これはもうご立派と言わざるをえない大泥棒である。

その後、十数年の年月が経過したが、今でも、

「女房を盗まれた！」

顔を赤く染めて叫んだマネージャーの悲痛な顔を思い出すときがある。

パトカーに追跡されて……

●パトカーの追跡

私の過去における悪業人生で、パトカーに追跡されたことが8回ほどあるが、逮捕されたのは1回だけで、あとは完全に逃げている。

べつに私の運転技術がパトカーの運転手より勝っているわけではない。正義感に燃える警察官であろうと命は一つである。サイレン音から逃げたい一心で死の恐怖を感じなくなっている私と、追跡する警察官との間に距離の差が出てくるのだ。

たとえば、盗んだ警察官の衣類などを車に積んで奈良市内を通行中に、不審車と思われてパトカーに追跡されることになった。逃走を続けているうちにハンドルを切り損ねて生駒の豪邸に飛び込んだが、軽傷を負っただけで、虎口を脱した。

平成12年の8月、新宮市の郊外を走行中にパトカーに追跡されてガードレールに激突、車外に放り出された私は、頭に拳大の瘤と左足に裂傷を負ったが、追跡してくる二名の警察官を振り切って逃走することができた。

どちらも生命に関わる事故であったが、悪運が強いというか軽傷ですんだ。これらはありきたりの逃走劇であるが、パトカーの運転手も真っ青になってハンドルを切らねばならなくなったであろう、命対命のカーチェイスを話すことにしよう。

●正田との出会い

2回目の服役を終えて名古屋刑務所を出所した私は、和歌山県新宮市のある重機会社に就職した。以前に働いていたことがあり、特殊免許を持っているので、ショベルの運転手として働くことになったのだが、2か月後に社長と口論して会社を飛び出してしまったのだった。そうなれば〝あとは野となれ山となれ〟で、放浪癖のある私は再就職することなく、手っ取り早い悪業を重ねることに……。

そんなある日のことである。盗んだカメラの売却先を探して和歌山市内をうろついていたところ、運送会社の運転手である正田秋人（28歳）と知り合ったのだった。

知り合ったのは、交通信号を無視した私と、彼の運転する車が衝突しそうになって口論したのが原因だった。が、お互いに気性があっさりしているので、和解するのに時間はいらない。

通常ならばその場で別れてしまうのだが、助手席に乗って配達先を回っているうちに彼と意気投合。赤い糸ならぬ黒い糸で繋がって、お互いに第三者には話せないことまで、打ち明けるようになってしまったのだった。

私の素性を知った正田は、自分には市内のキャバレーに勤める妻（29歳）と3歳になる娘がいて、生活が苦しいのでときどき小遣い稼ぎに泥棒をしているのだ、と打ち明けた。

彼の話によると、正田には木村洋介（42歳）なる同業者の友人がいて、共犯関係になっていて、ときどき、窃取した品物を駅裏の闇市で捌《さば》いているとのことである。

当時は戦後の名残りが続いていて、駅裏には30〜40軒ほどのバラック小屋が並び、電気器具、衣料品、米、魚、野菜、菓子に至るまでの雑多な生活必需品が売られていた。

その中には、贓品《ぞうひん》（盗んだ品物）を承知で買い取る店も何軒かあるらしく、正田が電気器具などの盗品を持ち込むのもそのうちの一軒らしい。

共存共栄というか、泥棒を職業にしている者にとってその存在はありがたく、さっそく正田に紹介してもらうことにした。

訪れた家は、トタン屋根に荒削りの板壁で台風がくれば吹き飛んでしまいそうな簡素なものだが、裸電球が灯っている薄暗い店内には、電気器具が重なるように並び、新品の背広が身の置き場もないほど吊るされて商売繁盛の様相を呈していた。

奥から顔を出したのは、57〜58歳ほどであろうか。中背で小太りの男は、いかにも一癖ありげな風貌をしていて、刑事のような鋭い目を私に向けた。

韓国人らしく、言葉の端々に祖国の訛が出る男は、「金田です」と自己紹介すると、「電気製品や背広は今のところ要らないが、洋服生地ならいくらでも買うので持ってきてください」鋭い目つきに反して柔らかい口調で言った。韓国の友人から大量の注文があったので、闇のルートで運ぶとのことである。

店主の買い値は、市販の三分の一にも満たない条件であるが、盗品を承知で買ってくれるのが何よりありがたく、大量に取引できるのも魅力があった。

店主の示した値段に対して異存はなく、私たちはその場を後にしたのだが、途中で正田に誘われて寿司屋に入った。その道では本職である私が共犯になったので、心が弾んでいるらしく奢ってくれるとのことだ。

カウンターに座った彼を見て、私は改めて好感を持った。気性が良くて長身のスリムな体型。美しく刈った短髪は清潔感を保ち、職業にもかかわらず色白の顔は五月人形のように整っている。

性格と容貌は必ずしも正比例するとは限らないが、なぜ、このような好男子が盗みをするようになったのだろうか？　生活のためか、それとも自分の欲望を満たすためだろうか。と思いつつ、前に出された寿司に手を伸ばした。

●泥棒の共犯を紹介される

翌日の夜、正田は近くに住んでいる同僚でもあり泥棒の共犯でもある友人を自宅に呼び寄せた。紹介された木村洋介は中肉中背で、色は黒いが細面の整った顔をしている。それが癖になっているらしく度々長い髪を指先で撫でるのが気になるが、正田と同様に好感の持てる男である。実家の百姓仕事がイヤで運送会社で働いているとかで独身らしい。

意気投合した私たちはその後、2~3日おきに和歌山市内や奈良まで足を伸ばして、洋服店を専門に荒らすようになったが、洋服生地ばかりを盗むのでは警察の張り込みに遭う恐れがある。そこで私は、「今後は他府県に足を伸ばそうと思うのだが……」と彼らに提案したところ、夜の副業のほうが収入が多いので、会社は解雇されてもいいと、心情を剥き出しにして承諾したのだった。

その後、私たちは西の方向に足を伸ばし、御坊、田辺、新宮、熊野と阿修羅のごとく暴れ回っていたのだが、ついに種切れとなり、三重県の尾鷲《おわせ》から四日市方面にかけて荒らすことにしたのだった。

●洋服店に侵入

その日私たちは、盗んだセドリックのバンで次の目的地である三重県の尾鷲市に向かったが、翌日の午後、市内で適当な獲物を発見した。

その洋服店は、駅前の通りに面した二階建ての家屋であるが、表がシャッターではなくガラス戸になっているのだ。これは私たちにとって有利である。

シャッターの場合はこじ開けると甲高い金属音がして、成功の確率は至って低い。それに比較するとガラス戸は、プロの泥棒にとっては有っても無いようなものだ。鼻歌まじりの作業で２～３分もあれば侵入してしまうだろう。私もその例に漏れずであるが……。

運がついているなぁと思いつつ店舗に近づき店内に探りの視線を向けた。広さは12～13坪ほどであろうか。壁の棚には板に巻かれた洋服生地が積み重ねられ、床の上に据えられた台の上にも50～60センチほど積まれている。三体のマネキン人形には仮縫いの済んだ背広が着せられている。それらに視線を流しながら、全部で２００着分はあるだろうと目算した。

田舎の街なので遊ぶところもなく、映画と車内の仮眠で時間を潰した私たちは、夜中の12時に洋服店に向かった。

最終列車の通過した田舎街の駅に人影はなく、外灯の明かりが閑散とした風景を浮上させている。駅前から商店街までの距離は１００メートルほどであろうか。道路の幅も20メートルほどあり、民家や商店が点々と存在しており、夜空に黒い影を伸ばしている。

隣家との間に空き地が多くあるので、音もさほど気にすることがなく、忍び込みの夜盗にとっては立地条件のいい場所に建っている洋服店といえよう。

洋服店から15~16メートルほど離れた空き地に車を乗り入れた私たちは、目と耳に神経を集中しながら、付近の様子を窺いつつ、洋服店に近づいていった。

野犬が一匹ゆっくり道路を横断しているだけで人影も見られない。仕事をするには何ら支障はないが、一点だけ神経をかき乱すものが目についた。

それは駅前に横付けされたトラックの黒い影である。だが、運転席には人の姿が見えないので、これは、早朝に到着する貨物列車に荷物を積むために駐車させているのだろうと私は解釈したのだった。

心配することはない。安全だ！　と脳から指令を受けた私は素早く動いた。ドライバーを使用して得意の三点破り（錠の近くに三角状態のヒビを作ってガラス片を取り除く）で解錠。店内に侵入した。ほとんど音を立てない早業で、必要とした時間は2~3分。ムッとする空気に包まれて神経を耳に集中したが、店内も屋外も無音状態だった。

私は木村に命じて車を洋服店の前に横付けさせると、二人に指図して作業を開始した。私が入り口まで洋服生地を運んで、受け取った正田が車内で待機している木村に渡し、それを車内に積み上げていく無言のリレー方式である。

長さ約1メートル、厚さが3センチほどの板に巻かれた背広1着分から3着分の洋服の生地は、一回のリレーで4〜5本から7〜8本くらいであろうか、次々と車内に移動していく。

緊張のため、全身から吹き出る汗の感触に眉をしかめながら、無言の作業が20分ほど過ぎた頃である。店内に半身を入れた正田が、押し殺した声で、

「青木さん、危ない。人が見てるんや」

と警告したのだ。

「見ているってどこからや？」

「駅前のトラックの中からや」

正田と木村が震え声を出した。

入り口から覗いた私の視線が、運転席でチカチカ輝く小さな赤い光を捉えた。状況から判断して、仮眠をしていた運転手が目覚めて煙草を吸っているらしい。

距離と暗さが正比例しているので運転手の顔は見えないが、私たちの車は外灯に照らされているので、不審者の動きを見ているのに違いない。

今のところ確認するために静観している段階であろうが、不審者の正体が泥棒と判明すれば、赤色灯が点いている駅前の交番に駆け込むのは必定である。

そうなれば、逃走経路は熊野方面と途中から奈良に抜ける国道169号線、または松坂方面に向かう三路しかないので、これらの要所に検問を張られると〝飛んで火に入る夏の虫〟になってしまう。

「早く逃げんと危ないぞ！」

突然のアクシデントに狼狽《うろた》える正田と木村。素人に毛が生えたような泥棒一年生は度胸がないから困る。彼らを叱り飛ばした私は、外に出てガラス戸を閉めると、

「叔父さん、夜中にお邪魔してすみませんでした！　残りの品物は明後日に持ちにきますのでよろしくお願いします！」

駅前のトラック運転手に聞こえるほどの大声で挨拶した後、ゆっくり車に乗り込んだ。

トラックの運転手に、これは泥棒ではない、親戚の者が事情があって品物を受け取りにきたのだろうと思わせる、咄嗟に浮かんだ演技だった。

しかし油断はできない。私は駅前から死角になっている場所に車を停めさせて、トラックの運転手に変な動きがないか、と覗いて様子を窺ったが異状はない。運転手がトラックから降りなければ、我々の行動に不審を抱いていない証拠であるから、平然として和歌山へ向かえばよい。

時刻は午前1時。洋服店の家人が起きるまでに4〜5時間ほどある。その間に那智勝浦か串本まで走ってしまえば安全を保障されたも同じことである。

だが、運転手が後で交番に走れば、三重県の松坂方面で検問を張るか、それとも熊野市か、奈良に抜ける途中の十津川署が待ち構えている可能性も高く、その方面に走ればいずれも〝飛んで火に入る夏の虫〟になってしまう。そうなれば車を放置して逃走するか、それとも、安全な場所に車を

隠して検問が解除されてから和歌山に向かうかの、二つの選択肢しかない。

どちらにしようか……、と迷ったが、念には念を、ということもあるので、その場から離れてしばらく物陰から様子を窺うことにした。

だが、15～16分過ぎても、煙草の火がチカチカ光っている状態に変化はない。運転手は私たちの不審な行動に気づいていなかったのか、それとも私の無謀な演技を信じているのか、どちらかであろう。

とこかく私たちの生死を分ける悩みは、杞憂に終わったってことだ。

●尾鷲から逃げ出す

「よかった！　これで国道42号線を和歌山に向かって走れるぞ」

私たちはホッとしながらその場を後にしたが、ほどなく不安の波が押し寄せてきた。

トラックの運転手は、街灯に照らされた私たちの姿を見ていなかったのだろうか？　見ていたとすれば私の演技を不審に思わなかったのだろうか？　ハンドルを握っている正田にその旨を話すと、

「大丈夫！　心配することないって。不審に思ったら俺たちの姿が消えると同時に交番に走っているよ」

安心しているらしく笑みを浮かべて答えた。

「いや、青木さんが心配しているように、万が一ということもあるぞ、正ちゃん。用心したほうがいい。俺は、熊野に出るより、途中の佐渡《さわたり》（熊野市内の山間部）から国道169号線を走って奈良に抜けるほうが無難だと思うぞ。それまでは警察署もないからな」

尾鷲を出発してから不安のためか沈黙していた木村が、後席で重い口を開いた。

「そうやな、それだと安心して走れるからな。それに比べると42号線は、熊野、新宮、那智勝浦、古座、串本、周参見、田辺、御坊、湯浅、海南、和歌山、と嫌になるほど警察署が雁首を並べているし、尾鷲の件で検問を張っていなくても、男が三人も乗っている車に洋服生地を身動きできないほど積んでいたら、これはおかしい？　と職質される恐れがあるからな」

「そうやでぇ、正ちゃん。青木さんの言うように警察署の多い国道は避けたほうがいいぞ」

私と木村の意見に押されて正田はしぶしぶ承諾したが、途中の佐渡から奈良に抜ける国道169号線は、道路工事のために通行止めの看板に遮られていたのである。

「くそっ、工事中か。ついてないな」

と呟いた私に、

「なにか嫌な予感がするな」

木村が後席で沈痛な声を出した。

「そうか。それなら明日の夕方まで車を山中に突っ込んで置いて、日が暮れてから熊野に下っていこうか。そのほうが安全やな」

　木村の気持ちに同意した私が正田に言った。尾鷲署から緊急連絡を受けた熊野署が検問を張っても、よほどの重大事件でない限り、一日で解除することを過去の経験で知っていた。

「しかし、こんな山の中で一日も過ごすのはかなわん。それに会社を何日も休むわけにはいかんしな。大丈夫や、もし検問を張っていても、パトカーに追いつかれるようなヘマな運転はせんから」

　正田はよほど運転技術に自信があるらしく、私たちの意見を頑なに否定してブレーキを踏もうとしなかった。

　沈黙を乗せた車は、七曲がりの急坂を消えたり現れたりする漁火を眼下に見ながら熊野に近づいていった。

「大丈夫かな？」

　緊迫した車内の空気を木村の声が破った。

「木村さんは本当にビビリやな。男は度胸、女は愛嬌と言うやろう。根性を据えてドーンと座っとったらええのや。心配することはないよ。俺に任せておけばいい」

　正田が大口を叩いた。

　やがて蛇行を続ける坂道を下った車は、１００メートルほど直進する道路に車首を向けた。右側はフェンスに遮られた発電所で、左側は有刺鉄線でガードされた野菜畑が道路に沿って伸びている。

正田に車を停めさせた私は、街灯に照らされている前方のT字型交差点を凝視した。正面の商店とバス停に異状はなく、野犬の影すら見えない。夜中なので当然のことだが、悪事を働いた身にとっては、その静寂さが不気味であり何か嫌な予感がしたのである。

「大丈夫、行こう、青木さん！」

正田の声を振り切って、私は発電所のフェンスに沿ってT字型の交差点まで様子を探りにいったが、右側の角にあるガソリンスタンドにもパトカーの姿はなかった。

よかった！　尾鷲署から何の連絡もなかったのだ。ホッとしながら車に戻った私は、二人に向かって異状のないことを知らせた。

「そうやろ！　青木さんも木村さんも心配のしすぎやでぇ」

ライトを点けた車は、前方のT字型交差点に向かってゆっくり走り出した。六つの目が集中する前方の光景に異状は見られない。

交差点が目前に迫ってきた。

●カーチェイス

その瞬間だった。ガソリンスタンドの角から、赤色灯を振り回しながら15～16名の黒い人影が飛び出してきたのだ。

「警察や！」

仰天した木村が悲鳴を上げた。

「バックせよ！」

私が怒鳴った。エンジンが爆発したような音を立て、急ブレーキのため私の身体をフロントに叩きつけた車は一気にバックしだした。

「コラッ！　逃げるなっ！」

黒い集団が怒声を上げ、獲物を襲うライオンのように車の前部やドアをめがけて飛びかかってきた。

「待てっ！」

鋼鉄のボディが、それらの黒い影を振り払い、振り飛ばしながら距離を離していく。

「逃げるなっ！　待てっ！」

「コラッ！　止まれっ！」

入り乱れた怒声が襲ってくる。

縦横に振られる赤色灯が恐怖の牙となって熱くなった脳を刺激する。

「ハンドルを切り返して尾鷲方面に走れ！」

私が叫んだ瞬間、蛇行しながらバックしていた車の後部が、フェンスに激突した。

「なにをしてるんや！　早く向きを変えんか！」

正田は必死になってハンドルの切り返しをしているが、気持ちが動転しているために車の向きを変えられないのだ。

「くそっ、俺と代われ！」

助手席から飛び出た私は、慌てふためく正田を運転席から引きずり出してハンドルを握った。目前に迫っていた警察官の群れが、怒声を発して左右に飛び散った。

彼らが怪我をしようが死のうが判断する余裕などない。逃げたい一心が私の脳を破壊しているのだから。

正田と同様に車の向きを変えることができない私は、怒声を発して運転席の窓を手で叩く警察官に向かって、

「どけっ！　ひき殺すぞ！」

と、怒鳴りながら反対側の有刺鉄線を突破して野菜畑の中に突入した。大波に翻弄される小舟のようにゆれながら再び道路に出た私は、アクセルを踏み込んで熊野方面に車を走らせた。

どこで待機していたのか、数台と思われるパトカーのサイレン音が、夜の静寂を破壊しながら追跡してくる。

私は親父町《おやじまち》（熊野市の中心部に近い集落）の細い道路を、右に左にハンドルを切りながら国道42

号線に飛び出た。

日中は三重交通のバスや、大型トラック、自家用車が埃を巻き上げて通過している国道も森閑としている。

ライトに浮上した松並木や、点在する民家が次々と後方に流れていく。

追跡してくるパトカーのサイレン音が距離を縮めてきた。

「くそっ！」

アクセルを踏んで、踏んで、踏みまくる。車の通過でできたジャリ道の轍の穴が、黒い影となってフロントに迫ってきては後方に流れていく。

無免許ではあるが、運転の経験も数十回ほどしているので自信がある。だが、道路の凸凹が多いため避けきれず、その度に車がバウンドして正田と木村が意味不明の叫び声を上げる。

前方を、木材を高く積み上げたトラックが、土埃の煙幕を巻き上げながら走っていたが、穴にタイヤを入れたらしく、大きく左に傾いた。

「危ない！　倒れるぞ！」

木村が絶叫した。

瞬間、トラックの傾きが水平に戻った。フロントにかぶっさってきた土埃のために視界を遮られた私は、スピードを落とした。長く短く鳴り響くサイレン音が再び間近に迫ってきた。

私はアクセルを踏み込んで、目前に迫ったトラックの横を通過しようとした。

ガッ！　ガッ！　トラックと車の側面がこすれて、再び正田と木村に悲鳴を上げさせる。追い抜いた瞬間、視界が広がった。

松林から出てきた野犬が、ライトに目が眩んだらしく、立ち止まってこちらを見た。二つの目が青く光った。ガキッ！　ハンドルに固い衝撃が伝わってきた。

走行を邪魔する奴は、犬であれ人であれ地獄に行きやがれっ！　なんとか逃げ切りたい一心で、私の頭には正常心の欠片もないのだ。

「止まれっ！　止まれっ！　新宮では道路を封鎖したから逃げ切れんぞ！」

後方に迫ったパトカーの拡声器が怒声を出した。熊野川の大橋を渡った新宮で道路を封鎖されると、袋の中のネズミと同様で観念せざるをえない。

こうなれば、熊野から新宮に向かう途中の阿田和《あたわ》から右折して、板屋《いたや》に通じる県道に逃げ込んでパトカーの追跡を躱《かわ》すしか方法がない。

自動車教習所で習う運転姿勢などくそくらえの状態でも、判断する余裕はあった。

阿田和までになんとか距離を離そうと思ったとたん、一気に加速したパトカーが並走し出した。

追跡される者は、逃げたい一心で命のことなんか考える余裕はないが、警察官は違う。彼らの中には妻子のある者もいるだろうし、いくら正義感が強くても、自分の命と引き換えることはできないだろう。

ところがこの警察官は、よほど運転に自信があるのか、それともプライドが人並み以上に高いのか、私たちの逃走を止めようと必死になっているのだ。

追い抜かれると、パトカーは尻を振って逃走車の前進を妨害しながらスピードを落としてくるだろう。そうなれば一巻の終わりである。

そうはさせんぞ！　私はハンドルを右に切って、パトカーの横腹に車を寄せていった。

「コラッ！　なにをするんじゃ！」

マイクが悲鳴に近い声を出した。

パトカーが後方に下がった。

その瞬間、私は最善の策を思いついた。

「木村さん！　窓から洋服生地を全部外に放り出してしまえ！」

甲高い声で木村に指図した。無謀運転に震えあがっていたらしい彼は、私の意図を察知したらしく無言で行動を開始した。

私は洋服生地が道路に広がるように、左右にハンドルを切りながら車を走らせた。長さが約1メートル、幅22～23センチ（同じ生地を2着分から3着分ほど巻いてあるのもある）もある障害物を道路に撒かれては、いくら命知らずの警官といえども恐怖に取り憑かれてアクセルを緩めざるをえないだろう。

身動きできないほど積載していた洋服生地が、次々と道路に投げ出されていく。

やがてパトカーのサイレン音が小さくなり、ルームミラーで反射していた光が闇の中に消えていった。

パトカーの追跡を完全に振り切った私は、安堵のため息をつきながら国道42号線から右折して紀州鉱山に向かう県道に車首を向けた。適当な空き地に車を入れて一日を過ごし、新宮市の大橋で張っているであろう検問が解除されてから目的の和歌山市に向かうつもりである。

まもなく人目につきにくい山裾の空き地に乗り入れた車から、顔面が蒼白となった正田と木村が、重病人のようにふらふらした足取りで出てくると、夜露に濡れた落ち葉の上に大の字になって倒れた。

そして彼らは大きなため息をつくと、本業が運転手にもかかわらず、

「ああ！　死ぬかと思った。もう二度と車には乗らんぞ」

と不思議なことを言ったのだ。

わずかな時間でこれほど変貌するものだろうか？　と思うほど憔悴している彼らの顔から推察すると、私の無謀な運転ぶりがよほど怖かったに違いない。

5000万円の名品を盗んだが……

●二人の仲間

4年の服役を終えて大阪刑務所を出所した私は、改心することなく、二人の共犯と再び悪事路線を突っ走るようになっていた。

出所した私を、二人の男が迎えにきていた。

一人は吉岡勝之（37歳）。私の共犯だった吉岡春彦の弟で、兄の死後、土方仕事をしながら私の出所を待っていた前科3犯の空き巣犯である。彼の容貌は、男としては背が低く小太りの丸顔。兄と同様に頭髪が薄いために坊主刈りをしている。口の軽いところが気掛かりだが、気性がよく明るくて憎めない男だ。呆れるほど助平なのが欠点ではあるが……。

もう一人は中屋三男（47歳）。彼とは服役中に知り合って意気投合。再会を約束して私より1年前に出所した彼は、生まれ故郷の九州には帰らず、奈良の天理で土方仕事をしながら私の出所日に迎えにきてくれた律儀な男で、前科6犯の泥棒（夜の忍び込み）である。容貌は中肉中背の筋肉質。

頭髪は長くて中央で左右に分けているが、浅黒い顔は歌手の千昌夫にそっくり。性格は吉岡とは正反対で、口数が少なくて冗談も言わない男であるが、誠実な人柄である。

二人を引き合わせた私は、所持金を50万円ほど持っていたので、2~3日休養して刑務所の垢を落とそうと、吉岡が借りたレンタカーで兵庫の城崎温泉に向かったのだった。

●三人で盗みの旅に

その日から三日後、私は以前、吉岡春彦と一緒に荒し回った西日本の農村地帯で仕事をするべく、二人を連れて旅に出たのだった。日本海の沿岸を走り、鳥取県の砂丘を見物して広島県に入った。そこで一日に数件もの空き巣に入ったが、運がついているらしくどれも成功。小金を自宅に保管している家が多くて、きっちり稼がせてもらった。

「今日は100万ほど稼がせてもらったから旅館に泊まって美味いものでも食べるか」

「賛成！　ここ一週間ほどコンビニの弁当ばかり食べていたからうんざりしていたんや。今夜は炊き立ての暖かいご飯で、刺身、天ぷら、酢のものでも腹一杯食べますか」

ガムを噛んでいた吉岡が目を輝かせた。

「それにビールもな」

酒好きの中屋が後席で微笑んだ。

広島の旅館で一泊した私たちはその後、泥棒稼業は気の向くまま足の向くままの気まぐれ旅とやら。八十八か所の霊場めぐりをするお遍路さんじゃないが、四国を一周して大阪に入った。

三日ほど大阪の西成で休養した私たちは、国道42号線に沿う民家を荒そうと和歌山方面に車首を向けた。

●新聞記事に獲物が……

その夜のことである。和歌山県の田辺市の旅館に宿泊したのだが、夕食後に新聞を開いていた私は、仲良く並んでテレビを観ている二人に声をかけ、新聞を渡した。

「なにか面白い記事でも載っているのか……?」

無口な中屋が太い眉を寄せて新聞に視線を向けた。

《白浜の富豪家、養護施設に一億円を寄付》

『和歌山県の田辺市や白浜町でバスやタクシー会社、美術館、ガソリンスタンドなどを経営する事業家の竹野林二氏(72歳)が田辺市の養護施設「愛育園」に1億円を寄付。竹野氏は……』

と、記事が続いている。

「ほう、世の中には奇特な人もいるんやな。1億円も気前よくポンとだすなんて、資産も相当持っているんやろうな、この社長は」

吉岡が私に丸い顔を向ける。

「そうやな。すべての財産を寄付することはせんやろうから、20億や30億は持っているやろうね、きっと……」

「美術館も経営しているらしいから高価な絵画や陶磁器も展示しているやろうな……」

布団の上に座った中屋が切れ長の目を輝かす。

「こんな社長やから自宅にもびっくりするような現金を置いている可能性があるな」

腕組みをした吉岡が眉を寄せる。

「青木さん。どうやろう。途中で白浜に寄って様子を見てみんか……」

中屋が真剣な表情で私の目を覗き込んだ。

「様子を見るって、中屋さんの気持ちはわからんことはないけどな。しかし、これだけの資産がある社長やから、警備も厳重にしているやろうし侵入するのは無理だろう……」

「いや、警備会社に加入していても、昼間はセンサーを切っていると思うから侵入できるんとちがうか？」

吉岡が小さな目を輝かす。

「そうか……。それなら白浜に行ってみるか。センサーを切っていても在宅していれば無駄足になるが、ここでどうやこうやと憶測していてもはじまらんから行って様子を見ることにしようか。留守であれば儲けものやし」

新聞記事に魅了された私たちは、翌日、目的地である白浜に向かって車を走らせた。新聞には犯罪になるネタが多く掲載されているので、利用するのが私たちの常套手段である。白浜の寄贈の件もその例に漏れずだった。

田辺市から30分ほどで白浜町に到着した私たちは、ほどなく町道から右折した裏通りに高さが1メートルほどの鉄門を見つけた。赤く錆びた鉄門は半開きの状態で、そこから林道が林の奥へと向かっている。小鳥のさえずり声を耳にしながら蛇行する小道を70~80メートルほど進むと、林の奥に建っている古びた二階建ての洋館が木立の間から見えた。

「白浜といえば、温泉街のイメージが強いが、町内にこんな静かな場所があるなんてな……」

小高い雑木林を背にした洋館に近づいた中屋が小声で言った。

「そうやな。町の騒音もほとんど聞こえてこないし、なんだか山奥に踏み込んできたようやね。小鳥の声が聞こえるだけやから……」

「鉄門から家屋までかなり距離があるから、家の人が大声を出しても聞こえんだろうし、事件を起こすには最高の場所やな」

耳を澄ます吉岡に私が顔を向けた。落ち葉が重なった小道を40メートルほど進むと、洋館が全体像を現した。建築後50~60年ほど経っているように見える古色蒼然とした家屋からは、人の住んでいる気配も感じられない。廃屋になっているのでは？　と思いつつ玄関の格子戸に手をかけると、ガラッ！　大きな音がして、12〜13センチほど動いた。

廃屋ではなく人が住んでいるのだ。それを証明するかのように奥からかすかな音が聞こえてくる。

「大丈夫か、人がいるぞ」

中屋が小さな声を出した。頷いた私は7〜8歩ほど移動してガラス窓から内側を覗いた。そこは社長の書斎らしく観葉植物が大きな葉を広げ、その横にはロダンの考える人を象ったブロンズ像が据えられ、壁には3点の洋画が掛けられている。それらの様相から見ても、いかにも富豪らしい雰囲気が漂っているので、期待感で胸が躍った。

「あの洋画だけでも2000万、3000万はするだろう」

室内を覗いている二人に小さな声でささやいた私は、横に移動して隣室の窓に顔を寄せたが一瞬生唾を飲み込んだ。10畳ほどの部屋には由緒ありそうな陶磁器が二方の壁に取り付けられた四段の棚にズラリと並んでいるのだ。

「うわっ、なんだこれは。宝物殿やないか……」

中屋が驚嘆の呟きをもらした。

「これは凄い。宝の山やないか……。これだけでも5億、6億はするぞ」

日頃から、陶磁器の知識については俺の右に出るものはないだろう、と吹聴している吉岡が感嘆の声を出した。

彼らが驚くのも無理はない。豪華絢爛とはこのことを言うのであろう。目も眩むほどの極彩色の壷、花瓶、絵皿などの古美術品が、ライトアップされたように電灯の下で輝いているのだから。数にして100点近くあるだろう。美術館も経営、と新聞に掲載されていたので展示する品物なのであろう。

「社長は年に数回海外に行って、絵画や古美術品をオークションで手に入れる、と新聞に載っていたので、それらの品物やな」

中屋が呟く。

「吉岡さんが、5億、6億はすると言ったが、それなら叩き売っても5000万や1億にはなるな」

中屋が室内からそらした視線を私に向けた。

「売れるだろうがそれは不可能やな。盗み出しても新聞やテレビで報道されるとやばくて捌くことはできんぞ。いわゆる宝の持ち腐れになってしまうということや……」

と私が中屋に言った。

「そうか……。売りに行ってもチンコロされたら一巻の終わりになってしまうからな。しかし残念やな。宝の山が目の前にあるってのにチャンスを逃してしまうなんて……」

「しかし、チンコロされずに売り捌く手口もあるが……」

「えっ、どんなこと、それは？」

吉岡が私の顔を覗き込んだ。

一瞬、家屋の外でカーン！　猪威《ししおど》しの甲高い音が静寂を破った。

「それはな、勝っちゃん。現場に手紙を置いてくるんや。内容は『頂戴した古美術品を全部買い取って頂けませんか。値段の交渉は貴殿も都合があると思うので10日間の余裕をみて電話で知らせますので……。ただし、この期間中に警察に知らせた場合は、当方の安全のために全部叩き割ってしまいます。安く買い戻すか、元も子もなくなってしまうか、どちらが特か損かは、賢明な貴殿のことですから、よくおわかりのことと思います。どうか後悔することのない判断で処置して頂けるように、よろしくお願い致します』と、筆跡をごまかした手紙をな。そうすれば社長も10日の間は警察に被害届を出すようなバカなことはせんだろう。その間に全部処分してしまうんや」

私は以前に計画したことのある案を、口に出した。

「しかし、テレビや新聞の報道を押さえ、内密に捜査を開始するかもわからんぞ。それを知らずに売りにいったら〝飛んで火に入る夏の虫〟になってしまうぞ」

吉岡は、私の提案に首を横に振った。

「そうやな。残念やけどそれは止めたほうが無難やな。古美術品を盗んでも金にするまでに逮捕されたら泣くに泣けんからな」

中屋が顔をしかめて吉岡に同意した。結局、古美術の窃取は中止することにしたが、これだけの品物を持っている社長だから、金も隠し持っているに違いない。それならば、夜になるのを待って忍び込もうと、意見が一致したのだった。

●富豪社長宅へ侵入

街に出て時間を潰した私たちは、夜の8時に再び社長宅へ向かった。懐中電灯の光を頼りに洋館へ近づくと、どの窓も明かりは点いておらず、黒い影となっている建造物が、星空の下でひっそりとした佇まいを見せていた。

「おかしいな？　まだ8時だというのに……。こんなに早くから床につくのかな？」

懐中電灯の光を洋館に向けた中屋が呟いた。

「都会では見ることのできない光景やな」

中屋に続いて呟いた吉岡が、

「おっ、立派な壷やないか」

驚嘆の声を出して猪威しのそばに近づくと、高さが60～70センチほどある水瓶をゆっくり撫で、

「これは凄い。この壷は千年ほど前に中国で作られたもので、叩き売っても5000万か6000万円にはなるぞ……」

懐中電灯の光の中で丸い顔を崩した。

「5000万か6000万……。そんな高価な壺を外に出しておくようなことはせんやろう。これはどう見てもただの水瓶やでぇ、勝っちゃん」

吉岡は日頃から古美術店のショーウィンドウに飾ってある陶磁器を見ては批評し、

「俺は骨董商になれるほど古美術に詳しくてな……」

と吹聴していたので、その彼に強調されるとこれは水瓶ではなく高価な壺なのかも、と思考が切り替わったのだった。

「なるほど……。それで風流な景色を満喫するために、猪威しのそばに飾ってあるのか」

中屋が再び、懐中電灯を壺に向けた。

しばらくその場に佇んでいた私たちは、台所の窓を割って侵入した。錠の部分を三角状にドライバーで割って解錠する方法は私の十八番である。

「階下は応接室、陶磁器の展示室、そのほか空室が3部屋と、5部屋あったが、その一室に高さが1メートル20センチほどある大型金庫が据えられていた。『おっ』と三人が同時に呟き、金庫に近づいた。私が取っ手を掴んでみたが、カチッ！　小さな金属音がしただけで開かない。

「残念やな。これだけ大きかったら持ち出すこともできんし、こじ開けるとしてもバールを持ってきてないからな……」

中屋が金庫を撫でながら吐息を漏らす。

「中屋さん、ダイヤルを回すな。警備会社にも加入していないような社長だから、金庫の鍵を机の引き出しかタンスの中に放り込んであるかもわからん。探して見つけようや」

吉岡が顔を振り向ける。三人がそれぞれ整理ダンスや机の引き出しを調べはじめたが、まもなく中屋が整理ダンスの上部の小引き出しから貯金通帳を引き出した。

「使用済みの古い通帳だろう。使用しているのなら金庫に入れるはずや」

一瞬私に顔を向けた中屋が、再び通帳に視線を落とすと、

「いや、違うぞ、青木さん。これは使用中のものやで。まだ記入欄に空白があるし。五日前にも入金しているぞ。一回の入金額が500万円で、ええっと……。1、2、3、4、5……」

指先で数字を数えていた中屋が、

「凄いな、合計すると1億2000万や」

驚愕の表情で私の顔を見る。

「あるところにはあるもんやな。なんの金やろう、これは?」

「なんの金って、新聞に載っていただろう、勝っちゃん。社長はバスやタクシー会社、それにガソリンスタンドなどを手広く経営してるって……。それらの売上金だよ」

「しかし青木さん、入金ばかりで一度も引き出してないのはなんでやろう?」

中屋が首を傾げた。

「さぁー、それは俺にもわからんね。マンモス社長のすることは……」

「1億2000万か。これだけの金があれば、ええっと……。月に50万ほど使っても20年は左団扇で暮らせるな」

吉岡が指を折って計算する。

「一人で使うとそうなるな。しかし勝っちゃん。それだけやないぞ。この金庫にも大金を入れてあるかわからんからな。脱税した金もな」

中屋が目を輝かして頷いた。

「なんとかならんかな。大金が目の前にあるってのに……」

「できんこともないぞ、勝っちゃん。強盗をする根性があったら、簡単なことや」

「うむっ、強盗か……。そうやな、青木さんと中屋さんがやるのなら俺に異存はないで」

吉岡が深刻な顔で言った。

「俺はやってもいいぞ。こんなチャンスは滅多にないからな」

中屋が吉岡に顔を向けた。

「よしっ、それならやるか。盗人では大金を掴むことはできんからな。それに中屋さんが言うように絶好のチャンスやないか。もう家の中に侵入してるんやから」

「しかし、どうやってやるんや？」

私に向けた中屋の目が鋭くなっている。

「そうやな、まず二階で寝ている社長と夫人を縛って、金庫を開けさす。その結果、金額が大きければそれで引き上げる。少なければ翌日銀行員に持ってこさせるんや。その際『銀行員に気づかれるようなことをしたら、奥さんを刺し殺してしまうぞ！』と、社長に言い含めて隠れて様子を見るんや。社長がおかしなことをしたら飛び出して銀行員も一緒に縛ってしまえばいい」

「なるほど……。しかし、社長と嫁さんの二人だけならいいが、ほかに家族がいたら手間がかかってヤバイんと違うか？」

「その点は心配せんでもいいぞ、中屋さん。先ほど台所を見たが、履き物から判断して何人もいるとは思えん。お手伝いがいるのなら、階下に寝ているはずだし、家族は同居していないだろう。おそらく二人だけに違いない」

「二人だけなら赤子の手をひねりあげるようなもんやな、青木さん」

吉岡が頷いて私の顔を見上げる。

「そうやな、相手は年寄りやからね」

「そうなると隣室の美術品はどうする。叩き売っても5000万か6000万にはなるぞ」

「いや、強盗をするのだったら陶磁器を盗むのは止めよう。強盗事件が絡むと警察も徹底的に捜査するからヤバイ。それに金庫にもかなり現金が入っていると思うから、あまり欲張らんほうがいいよ、勝っちゃん」

「そうか……。それなら現金だけにしとくか。そのほうが安全やな」

吉岡が大きく頷く。

「それで今からどうする。脅かすのにドライバー一本だけでは反抗されてしまうぞ。相手は海千山千のしたたかな社長だからな」

「そうやね。勝っちゃんの言うとおりや。ドライバーだけでは迫力がないし抵抗される恐れがあるから、台所の包丁を使用するとしようか」

私の提案で中屋が台所に向かう。

「それでは勝っちゃん。俺たちは縛る紐と覆面の代用品を探すとするか」

まもなく吉岡がタンスから夫人のストッキングを取り出した。

「これは顔を隠すには最高やでぇ、相手からは見えにくいし、こちらからはよく見えるからな」

中屋が包丁を三本持ってきた。

「それでは今から二階へ行くけど、まず部屋を全部調べて社長と奥さんが寝室を別にしていたら、俺と勝っちゃんが社長を脅して縛り上げるから、中屋さんは奥さんを脅して声をださんようにしてくれ。表まで距離があるから叫んでも聞こえんと思うが、念のためにな。頼むぞ、中屋さん」

中屋に指示をした私は、刺身包丁を右手に左手に懐中電灯を持って階段に向かう。私の後ろに出刃包丁を右手に持った中屋が続き、最後に菜切包丁と洗濯紐を持った吉岡が続く。

建築後50～60年ほど経っているのでは、と思う家屋の階段はギィ！　ギィ！　と軋む音が響き神経を逆なでする。階段を上がると左手に障子戸がしまった部屋。それに続いて廊下の左右に並ぶ三つの部屋が静寂に包まれている。息を殺しつつ障子戸を15～16センチほど開けて覗くと、10畳ほどの月光が広がる部屋の中央に盛り上がった布団が一組敷かれている。

（お手伝いか？　そうすると社長夫妻はほかの部屋で就寝しているのだろうか……）

そう思いつつ、ほかの部屋を次々と覗いたが3部屋とも空室だった。

「そうすると、あの部屋で寝ているのは社長夫人だろうか？」

首を傾げる私に、

「社長は年に数回海外に行って美術品のオークションに……、と新聞に載っていたから留守なんと違うか？」

中屋が小声でささやく。

「そうや、社長は今回もフランスへ行っているんやでぇ。俺たちは運がついているぞ。嫁さんが一人だけなら赤子の手をひねり上げるようなもんや」

吉岡が私の耳元で弾んだ声を出した。

「よしっ、それでは部屋に入るからな。夫人が仰天して騒ぐようなら布団を頭からかぶせて押さえ込んでしまえ」

振り向いて中屋と吉岡に指示した私は、障子戸をゆっくりゆっくり開けて部屋の中に踏み込んだ。

懐中電灯の光が布団から出ている社長夫人の顔を闇の中に浮上させたとたん、

「誰っ！」

ガバッ！　と上半身を起こして誰何してきた。老女とは思えない素早い反応から推察するとどうやら目覚めていたらしい。その瞬間、ド！　ド！　ド！　ド！　ド！　階段の方向で巨大なドラム缶が転がり落ちるような音がした。

どうやら社長夫人の大きなしわがれ声に仰天した二人が、逃げる途中で階段を踏み外して転げ落ちたらしい。静寂を破壊したドデカイ連続音が、さらに社長夫人の恐怖心を煽ったらしく、

「助けてっ！　助けてっ！」

社長夫人の顔が鬼面のように変化して、町まで聞こえるような大声で叫び出したのだ。錯乱状態になれば泣き止まぬ赤ちゃんと同様で、手の施しようがない。

社長夫人の顔を睨みつけた私は、踵を返して階段を駆け降りた。その瞬間、

「助けてくれっ！　足を折ってしまった！」

悲痛な叫び声を上げた吉岡が、私の足にしがみついてきたのだ。

「この根性なしめが！　大事なときに逃げるからこんなことになるんや！」

頭に血がのぼっていた私は吉岡の坊主頭をボカン！　と手が痛くなるほどの勢いて殴ったが、置き去りにすることもできず、その場にしゃがんで彼を背負った。その後がたいへん。何しろ自分の体重より重い吉岡を背負って走るのだから、気絶しそうな重労働を強いられているようなものでる。よろめき、よろめきつつ林の小道を進む。

息を切らせながらどうにか門外まで走り出した私の前方を、何か大きなものを抱きかかえた中屋がよろめきながら走って行くのが見えた。

●なんとか壷は持ち出す

ほどなくレンタカーのワゴン車までたどり着いた私は、中屋が抱きかかえて走っていたものが何であるかわかった。その正体は猪威しのそばに据えていた大壺で、吉岡が賞賛していた中国の陶器である。

「吉岡さんが『この壷は中国で作られたもので叩き売っても5000万か6000万にはなるぞ』と言っていたので、せめてこれだけでもと思って持ってきたんや」

中屋が後部の座席に大壺を積み込みながら、私に顔を向けた。

「ようやった、中屋さん。転んでもただでは起きん、とはこのことやな。残念ながら今夜は失敗したが、それを売ったら少なくても500万か600万にはなるから、まあ不幸中の幸い、というところやな」

「なにが不幸中の幸いや！　お前たちが逃げなんだら、500万、600万どころか1億かそれ以上の金を手に入れることができたんやぞ。根性なしのバカたれめが！」

私の胸に再び怒りが込み上げてきて二人を怒鳴りつけた。

「すまん、すまん！　ババァの声が大きかったのでびっくりしたんや」

「なにがババァの声や。お前らは金玉がついてないのか！　そんな情けない根性で、よく強盗をする気になったもんやな！」

私は吉岡に向かって、腹立ちまぎれの罵声を再度浴びせた。

●この壷が5000万円……？

その数日後のことである。私は奈良県五條市にある吉岡の市営住宅で、押し入れの中に隠していた大壷を取り出して木箱に収めた。

私たちが五條市に逃げ帰った翌日のことである。白浜の富豪家だから世間体を憚《はばか》って、美術品の壷を一点くらい盗まれても警察に届けるようなことはしないだろうとのことで、古美術商に売却することにしたのだった。

しかしこれだけの名品を箱に収めずに持ち込めば、不審に思うだろうし、価格も下がるに違いないので、近所の大工に頼んで箱を作ってもらったのだ。本来なら鑑定書も付いているはずだが、偽造するのは無理なので紛失したことにした。下手に偽造するより、そのほうが無難であると判断したからである。

「立派な箱ができて壷に貫禄ができたから、少なくても３００万か４００万くらいにはなるだろう」

「そうすると、一人につき１００万と30万ほどか。白浜まで行ってたいへんな目に遭ったが、まあ良しとせねばならんか……」

目を細めて箱を見る中屋と吉岡。まもなく中国の名品である壷を車に積み込んだ私たちは、五條市を後にして奈良市に向かったのだった。

数時間後、『古美術品・高価買い取ります』と新聞に載せていた古美術店に到着。薄暗い感じの店内に入ると、壁に掛けられている掛け軸や、陳列ケースに並べられた壷、絵皿、花瓶、金杯、茶碗、刀剣、仏像などあらゆる古美術品が目に飛び込んできた。

「うわっ！　凄いな……」

奇声を出した吉岡と中屋が、次々と美術品に目を走らせている。店内の奥に座っていた82〜83歳と思われる着物姿の老人が、

「いらっしゃい！」

と声をかけてきた。黒縁の丸い眼鏡を掛けた白髪頭の老人は気難しそうな雰囲気を漂わせている。

「すみません。壷を買い取って頂けないでしょうか……」

中国の名品を持っていくのだからと、日頃着用したことのない背広を着た吉岡は、口調まで改めて店主に向かって頭を下げた。

「そりゃ、良い品物であれば買わせてもらいますけど、店《うち》は見たとおり古美術品の商いをしていますので」

「良いも悪いもご主人。この壷はですね、今から千年も前に中国で焼かれた名品なんですよ」

「ほう、千年も前に作られたものですか」

店主がシミの多い顔に愕きの色を浮かばせた。

「それでですよ、ご主人。この壷は我が家に代々伝わってきた家宝なので、手放すのは心苦しいのですが、止むを得ない事情がありましてね……」

「そうですか……」

大きく頷いた店主の態度が一変した。日頃着用している薄汚いジャンパーを脱ぎすて、スーツにネクタイまでした三人の紳士姿と千年もの年月を経た名品、それらが功を奏したのであろう。

「なにをしているんじゃ、婆さん！　お客さんにお茶を差し上げなさい」

シワの多い顔に笑みを浮かべて奥に声をかけた。

「そんな名品なら早く拝見させて頂きたいものですな。しばらく良い品物を見ていないので……」

私たちを見上げた店主の細い目が、鼻眼鏡の奥で輝いている。

近くの駐車場から大箱を持ってきた三人に、待ちかねていたらしく店先に姿を現した店主は、

「ほう、大きなものですな……」

感嘆の声を出して言った。

「はい、なにしろ中国《シナ》の名品ですから……」

吉岡流に言えば大きさが値段に比例するらしく、自信たっぷりの口調で微笑んだ。

「そうですか。それでは拝見させて頂きましょうか……」

上がり框の上に置いた大箱から、風呂敷をとりのぞいた吉岡の前で、店主が待ちかねたようにフタをとりのぞいた。

四人の視線が同時に大箱の中に集中した静寂の中で、

「これは……」

驚愕の呟きをもらした店主に、怒りの色が浮上した。

「お客さん、中国の名品だなんていい加減なことを言わないでください！　これは千年どころか昭和の半ばに作られた水瓶で、現在の価格にして2000円か3000円の価値しかないものですよ」

尖った声で吉岡を見上げた。

（2000円か3000円の価値しかない……）

私は唖然として店主から吉岡に視線を移した。彼は日頃から『俺は骨董商になれるほど古美術に詳しいから』と、吹聴していたが、専門家である店主が2000円か3000円の価値しかない品物だと評価したのだから、賞賛に価しない水瓶なのであろう。

「そんなバカなことが……？」

目を丸くして首を傾げた吉岡が、

「爺さん！　何年古美術店を経営してるんや。呆けたことを言うな！　この壷は正真正銘、中国の名品で5000万もする品物やでぇ」

吉岡が唾を飛ばして店主を睨みつけた。

「なにが5000万もする品物かいね。これは水を溜めるか大根や白菜を漬けるただの水瓶ですよ。それを中国の名品だなんて……」

店主が顔をしかめて吉岡を見上げた。そうなると吉岡も引けないらしく、

「なにがただの水瓶じゃ！　よくもそんなでたらめなことが言えるな、爺さん！　この壷は代議士をしていた私の父親が恐れ多くも中国の毛主席から賜ったものやぞ！」

吉岡が歯を剥き出しにして抗議したが、父親が代議士だったとか毛主席に賜った、などと言えばこれはもう嘘が見え見えである。嘘つきは泥棒のはじまりというが、その点については吉岡は大の

字がつく泥棒に違いない。

吉岡の剣幕に恐怖を感じたのか、それとも気の狂った人間を相手にしていても時間の無駄だと思ったのか、態度を和らげた店主が、

「ともかく5000万円もする高価な美術品は、私どもでは扱いきれませんので、ほかの店に持っていってください」

シワだらけの手で箱にフタをした。その瞬間、私に目配せをした吉岡が、表に向かって脱兎のごとく走り出した。タダ同然の水瓶とわかったので持ち帰るのは面倒と思ったのであろう。

「コレッ！　こんな大きなゴミを置いていきくさって、持って帰らんか！」

一目散に逃げる私たちの後ろで、店主の怒鳴り声が爆発した。

吐く息も荒く車に乗り込んだ私は、

「勝っちゃん、いい加減にしいや！　なにが5000万もする中国の名品や。この大嘘つきめが！」

運転席の吉岡に罵声を浴びせた。

「箱に2万円もかけて大損やったな……」

助手席の中屋が顔をしかめて愚痴をこぼした。彼が大きな溜め息をつきながら顔をしかめたのも無理はない。5000万の札束が夢の彼方に消えていったのだから……。

便所から飛び出した泥棒

●あんな図太い盗人はほかにいない

私はその日の午後、和歌山県は串本町の道路際に停められた公用車の中で、二名の刑事と雑談しながら山本部長刑事の帰りを待っていた。

その日より数か月前のことである。指名手配されていた私は、奈良県の五條市を車で通行中交通検問に引っかかって逮捕された。

高田署に留置された私は、約3か月間の取り調べを受けた後、被害付け（被害者の自宅に赴き、家人から事情聴取をしたり侵入した箇所を証明すべく、犯人が指を差す姿を撮ったりすること）に行ったのだった。

車を使用する私の犯行は現場が広範囲になるために、一日では終了することができずに何回も被害付けに行かなければならない。その日も早朝に高田署を出発し、午前中に田辺市で2件の被害付けを終了して、車中で昼食を済ませた後、最後の被害付けをするために串本にきたのだった。

1時間ほど経って、先日までの3か月間私の取り調べをしてきた山本部長刑事が、家人からの聞き取りを終えたらしく筆記用具の入ったカバンを持って車に近づいてきた。

彼は身長が180センチほどあって、柔道で鍛えた体は鋼鉄のように引き締まり、鼻の下にチョビ髭を生やした浅黒い顔は精悍である。

両眼は職業柄ときどき鋭さを感じるが、心のやさしい刑事である。

その山本部長刑事が助手席に座ると、

「青木よ。カメラ店の主人がな『あんな図太い盗人はほかにいないのと違いますか、刑事さん。冷蔵庫の食品を全部食べてしまって、朝飯も食べれなかったんですよ。そのうえ便所に隠れたりして、家内が気絶するところだったんですよ、仰天して……。そんなことがあってから家内は怖がって便所に一人で行けんようになってしまったのです。家内は小便が近くて夜中に何度も起きるのですが、その度に私か息子を起こすので二人とも寝不足になってしまって、日中は欠伸ばかりして困っているんです。本当に筋《たち》の悪い盗人に目をつけられたもんです。今度入ってきたら野球バットで頭を叩き割ってしまうぞ。と伝えてください！』と、わしが犯人であるかのように、カンカンになって怒ってくるし、奥さんは奥さんで『刑事さん、あんな根性の曲がった犯人は二度と悪いことができんように死刑にしてやってください！』と、気が狂ったように怒鳴るし、参ったよ。ほんとうに、のう、青木よ。あんな刑事泣かせの家には二度と入ってくれるなよ、頼むぞ」

山本部長刑事の苦笑いに、二人の若手刑事が哄笑した。

「いや、刑事さんに頼まれなくとも二度と入りませんよ。あんな家は……。野球バットでスイカでも割るように頭を叩かれたら、あの世いきですからね」

再び三刑事の哄笑が車内に充満した。

まもなく四人を乗せた公用車は、地平線に沈む夕日を車窓に映しながら、国道42号線を奈良県に向かったのだった。

●カメラ店に侵入

その日より数か月前のことである。

4月の初旬に大阪刑務所を出所した私は、再び悪事を重ねるようになっていた。人間性を剥奪された刑務所での苦しみも社会復帰すればたちまち忘れ去り、悪事路線を突っ走ってしまう。まさに、〝バカは死ななきゃ治らない〟、を実践しているのだ。

その日、真夜中の国道42号線を走っていた私は、右手に串本の海中公園を見ながらまもなく串本町に入った。目的は商店の物色だ。適当な獲物があれば侵入してたんまり稼いでやろうと、野心に燃える視線を、外灯に浮上している家並に向けていたのである。

ほどなく、私の視線が二階建てのカメラ店を捉えた。店舗はシャッターでガードされているが、裏に回ればなんとか侵入できるだろう、と判断した。表は頑丈でも、裏側は案外と無防備であることを長年の経験で知っていたのである。

車を近くの空き地に停め、野犬が黒い影となって近づいてくる夜更けの道路を、足音を忍ばせながらカメラ店に向かった。

付近から誰かに見られていないか、神経を両眼と耳に集中して確かめ、外灯の明かりが届かない暗い路地に飛び込み、カメラ店の裏に忍びよっていった。

そこは田舎の商店街によく見られる10坪ほどの野菜畑になり、片隅には5～6個の植木鉢が据えられ星空の下で黒い影を伸ばしている。私は、夜が明ければ足跡がくっきり残っているだろう軟らかな土を踏みしめながら台所に近づいた。

ガラス戸に手をかけてみると、〝ガラッ！〟と音をたて動いた。よくあることだ。鍵の掛け忘れか、一度も泥棒に入られたことがないのであろう。表は完全に防備していても裏は無防備。まさに、〝頭隠して尻隠さず〟を実践しているのである。

私はムッとする空気に押し包まれながら台所に足を踏み込んだ。家屋に忍び込むときはいつも同じだが、脳に響いてくる動悸とスリル感を味わいつつ、まず台所を物色して廊下づたいに店舗に向かう。

暖簾をくぐると10坪ほどの店内が、懐中電灯の光に浮かびあがった。

棚や店内の中央に据えられたガラスケースには、ニコン、キヤノン、オリンパスなどの高級カメラや、8ミリ撮影機、望遠レンズ、広角レンズなどが50点ほど並んでいる。

それらに視線を走らせながら私は迷った。品物を盗むのは危険だ！　と、理性が警鐘を鳴らすのだが、金の力は偉大なりで、つい手が出てしまうのがいつもの習性だ。

カメラには番号が刻まれているために、入質するとか売却したりすると発覚するのは時間の問題なので、盗もうか……、止めようか……、とその場でしばらく自問自答を繰り返していたが、結局、持ち出すことにした。

以前に京都刑務所で知り合った韓国人が、

「青木さん。時計や宝石ならいくらでも持ってきてくれ」

と、言っていたことを思い出したのである。

「品物は朝鮮で捌くので足のつくことは絶対ないから……」

とのことだったのでそこに持ち込めばなんとか処分してくれるのでは、と思ったのである。

となれば、私の行動は早かった。以前カメラを盗んだとき、新品でもカメラケースと箱がなければ、二束三文でしか買い取ってくれなかった苦い経験をしたことがあったので、まず、ケースと紙箱からと、店内の横にある小部屋からそれらの品を運び出してシャッターのそばに置いた。

50点のうち、30点ほど持ち出す反復運動を繰り返しているうちに私は、空腹感を押さえきれなくなってきたのだ。

音が二階に聞こえないように、神経を針のように尖らした作業であるから体力の消耗がはげしく、消化活動も早くなるのであろう。ともかく仕事は完了して後はシャッターを開けて外に出すだけだ。となれば夜明けまでに時間はたっぷりあるから、冷蔵庫でも覗いて美味いものがあれば食べよう、と台所に向かった。

冷蔵庫には、ハム、玉子、牛乳、野菜など、どこの家庭でも常備薬のように備えているであろう食料品が詰まっていた。

「なんや、口に入れることができるのはハムと牛乳だけかいな……」

と呟きながら、二本の牛乳を飢えた胃袋の中に流し込んでしまったのだが、その行為によって空腹感がますますつのってきた。

やむなくハムをかじっているうちに、そうだ、これらの材料で焼き飯を作れば……、と遠い昔のことだが、食堂を経営していた母親が残りものの野菜や肉で、私や妹が大好きな焼き飯をよく作ってくれたことを思い出したのである。

ハム、ネギ、ニンジン、ニンニクなどを細かくきざんでバターを溶かしたフライパンに、ごはんと、ケチャップ、コショウを放り込んで炒めはじめた。我流の焼き飯であるが、このさい美味いか不味いかなどと言っていられない。とにかく満腹になればいいのだ。まもなく台所にホンワカといい匂いが漂いはじめた。

キツネ色に焼きあがったそれを一口食べてみると、美味いこと美味いこと、まるで一流のコックが作ったような味である。

私の経験によるものだが、盗みに入って食べる味は、食パンでもカステラのように美味く顎がはずれる、などの表現ではものたりないほどだ。

●突然便意が！

犬のようにガツガツと勢いよく食事を終えた私は、腹もふくれたことだし、高価なカメラも全部頂戴できたし、泥棒ほどいい職業はないものだと、立ち上がったのだが、そのとき急に便意を催してきたのだった。先ほどがぶ飲みした牛乳が災いしたのであろう。便所に走ろうと思ったが面倒くさいので、空になった炊飯器を床の上に置いてまたがろうとした。だがその瞬間、私の脳裏に過去の苦い経験が浮かびあがってきたのである。

ある夜のこと、果物店に忍び込んで台所を物色していたところ、鍋に入ったカレーが目についた。ちょうど空腹を感じていたので、これ幸いとばかりに、炊飯器の残飯を鍋に移してきれいに食べてしまったのである。

それらの行為は泥棒にとってはよくあることだが、その後が悪かった。

泥棒に入ると緊張するためか必ずといっていいほど便意を催し〝狸の溜め糞〟ならぬ人間の置き糞を畳の上に残す泥棒がいるらしいが、あろうことか、私もそれを実践してしまったのである。それも、ほかの泥棒のように畳の上に排泄するのであればいいのだが、空になった鍋に下痢便を流し込んで、元の場所に戻しておいたのである。

翌朝、泥棒が悪戯をしているとも知らずに12歳の息子が鍋のふたをとると変な臭いがしたので、

「腐っているよ、このカレー？」

と母親に見せたらしい。

「そんなことはないでしょう？　昨日の夕方に作ったばかりなのに腐ることはないでしょう」

眉をしかめながら、臭いを嗅いだ母親が、

「これはウンコじゃないの！」

悲鳴を上げて鍋を床の上に放り投げたそうである。

「その後がたいへんでな。消毒をするやらなんやらで大騒動になったらしいぞ」

と、私を取り調べた刑事の声で、刑事部屋の哄笑が広がったが、その後の裁判で赤恥をかいた私は、二度と置き糞をしないようにしていた。

そんな過去の苦い経験を思い出した私は、尻を手で押さえて便所にかけ込んだが、用を済ませてもシブリ腹で立ち上がることができなかった。私は昔から腸が弱くて下痢になったときに必ずと

いっていいほど起きる現象なのである。

顔をしかめてしばらく屈んでいると廊下の方向でかすかな音がした。家族の誰かが便所にきたのでは……？　息をとめて耳を澄ませていると、間違いなく足音だ。しまった！　どうしよう。頭が熱くなり心臓の鼓動がはやくなった。

なんてことだ！　こんなときに便所にくるとは。どうか男であってくれますように……。男であれば小便用の便器でするであろうが、女性だとすると必ずドアを開けようとするだろう。

男であってくれるように、と困ったときの神頼みとやらで祈っていると、足音が便所の前でピタッ、と止まった。神様助けてください。もう二度と悪事はしませんから。神様が泥棒を助けてくれるようなことは絶対にないだろうが、藁にもすがる思いで心の中で祈った瞬間、ドアが音をたててゆれた。

くそ！　女だ。ドアの差し込み錠がはずれないように、掴んでいた両手に満身の力を込めた。

「誰か入っているの？」

恐れていた誰何の声がした。声からするとこの家の主婦に違いない。どうしようか。

「お父さんか？」

甲高くなった声が誰何してきた。くそ！　とんでもないときにきやがって！　飛び出してやろうか、と思ったがその勇気もない。

「ほんとにもう、お父さんなら返事くらいしてよ。畑の案山子《かかし》じゃあるまいし」

ドアが再び大きな音をたててゆれた。ええい、こうなったらいつまでも案山子になっているわけにもいかんだろう。くそったれ、破れかぶれの出たとこ勝負でいったれ、小さな声で返事した。

「なんやの、秋男かいな。なんで黙っているのよ。案山子やお地蔵さんじゃあるまいし」

「……………」

「秋男、返事くらいしなさい！」

ええい、そうなったら仕方がない。息子の声はどんな声か知らないが、ハイッ！　と大きな声で返事をしてやった。

「秋男、なにをしているの？　早糞が自慢のお前なのにいつまでしゃがんでいるのよ。お母ちゃん、オシッコが漏れそうになっているのよ、早く出てちょうだい！」

タッタッタ！　とリズミカルな音がしだしたのは、顔をしかめて足踏みをしているのだろう。ほどなく辛抱も限界になったらしく、蛇口から水が迸《ほとばし》るような音がしだした。シメタ、助かった。ホッと肩の力を抜いた私の脳裏に、着物の裾を捲り上げて立小便をしている老婆の姿が浮かんだ。

音が止まった。やれやれこれで無事にすんだか、と思ったとたん、

「早糞のお前がいつまで入っているの、お腹でもこわしたのか？」

再び恐怖の声が襲ってきたのだ。

「……」

「秋男！　返事くらいしなさい！」

「はい！　腹がしぶって気分がわるいんだよ」

やむなく、再び息子に化けた。

「腹がしぶるって、ほんとうにどうしようもない子やね、お前は。お兄ちゃんと違って大食いやからそんなことになるんよ。腹もほどほどということがあるやろう。これからは気をつけなさい。台所のテーブルの上に薬を置いておくから便所から出たら飲みなさい」

そう言った母親の足音が遠ざかって行った。あぁー、助かった。ホッとしながら、こんな危険な場所から早く逃げ出さないと、と思いつつ立ち上がったとたん、廊下に足を叩きつけるような荒々しい足音が近づいてきたのだ。今度は親父が小便にきたのか。と思った瞬間、

「秋男！　お前はいつから泥棒ネコになったの、夜中に焼き飯を作って食べるなんて……。そんなことをするからお腹が痛くなるのよ。ほんとに呆れた子やわ、お前は！」

母親が甲高い声を出した。そのとたん、

「お母ちゃん、便所の前でなにを怒っているんや。寝ぼけているんと違うか……」

くそっ！　息子だ。なんと運が悪いのだろう。たいへんな家に入ってしまったもんだ。

母親の驚いた声がした。ひやっ、私が化けている本人がくるなんて……。

「ああ、春男か。秋男が便所から出てこんのよ。盗み食いしてお腹を壊したらしいんよ」

「秋男って……？　お母ちゃん。頭が狂ってしまったのか、しっかりしてや。秋男はお腹を壊すどころか、二階で大鼾をかいているでぇ……」

「二階で寝てるって？　アホなことを言いなや。お前こそ寝ぼけているんやないの。秋男は便所の中でハイッ！　と返事をしたんやで」

「そんなバカなことがあるもんか、お母ちゃん。二階で寝ている秋男が、便所の中で返事をするはずがないやないか」

「おかしいな？　それならお父ちゃんかな？」

「いや、違うでお母ちゃん。お父ちゃんも僕が下にくるとき鼾をかいていたから」

「春男、お前は秋男とお父ちゃんを間違えているんや。そうでなかったらおかしなことになるやないか……？」

「おかしなことになるって、お母ちゃんが寝ぼけてるんやないか。お父ちゃんも秋男も間違いなく二階で寝てるのに」

「いや、春男。お母ちゃんは寝ぼけてなんかいないよ。下に降りてくるときお父ちゃんは私の横で寝てたんやから……」

「おかしいな？　それが本当なら便所の中にいるのは誰やろう……？」

●絶体絶命の窮地

その瞬間、母親と息子の押し問答がピタッと止まってシーンとなった。ここに至って、便所の中に潜む人物の正体を知った二人は、恐怖のために金縛りになって目を見合わせているに違いない。さあ、たいへんなことになってしまったぞ。私の胸の鼓動が早くなった。どうしよう……。そう思ったとたん、

「便所に入っているのは誰っ！」

最も恐れていた母親の甲高い声が誰何してきた。くそ！　こうなれば破れかぶれだ。どうにでもなれ、やけくそになった私は、

「すいません。腹が痛くなったので便所をお借りしているのです」

「ええっ！　便所をお借りしてるって、公衆便所じゃあるまいし、こんな夜中に他人の家に上がり込むなんて、厚かましいにもほどがある。誰よっ、あんたは？　名前を言いなさい」

母親の怒鳴り声がドアを突き抜けてきた。

「お母ちゃん。誰って、呆けたことを言ってたらあかん。泥棒やないか、泥棒が入ったんや……」

母親に耳打ちした息子の小さな声がした。

「泥棒やて……」

聞き返した母親が、ようやく事態を把握したらしく、

「わっ！　泥棒や！　泥棒や！」

拡声器から飛び出たかと思うほどの叫び声をだした。便所から飛び出た私に仰天したらしい二人が、奥に向かって逃げ出した。その後に続く私の目前で母親が倒れた。その背中を踏みつけて前にジャンプした私は、

「人殺し！」

と大声で叫んだ母親の声を後にして表に走り出た。

二階でも階下で勃発したドンチャン騒ぎに仰天したらしく、父親の太いしわがれ声と息子の黄色い声が、必死で逃げる私の背中にかぶさってきた。

やがて、車に戻った私はホッ、としながら呟いた。

「あぁ、たいへんな目に遭った。これからは二度と盗み食いはしないぞ」

と……。

しかし悪癖は修正することができず、その後も続いている。

だが……、便所には絶対入らないことにしている。

汚れなき天使

●神様ありがとうございました!

〝めくら鉄砲、数撃ちゃ当たる〟という言葉があるが、裏街道の世界でもこれと同じことがある。つまり空き巣（日中の留守宅に忍び込む）や忍び込み（夜間の就寝中に侵入する）でも数多く荒らしていれば思いがけない大金を掴むことがあるということだ。

悪事をしていても運がついていないときは、一日中走り回っても金どころか、家屋に侵入することさえできないことがある。ところが運がついているときは次々と侵入できて、かなりの金を稼ぐことができるし、たまには思いがけないほどの大金を掴むことだってある。

そんなときは、天にも昇る気持ちで、神様ありがとうございました！　とその家の仏壇に手を合わせたものだが、今回はそのときの話をすることにしよう。

青く広がった秋空の下を、私は国道42号線に並行する太平洋の沿岸にそって、和歌山市から新宮方面に向かって車を走らせていた。

目的は、国道沿いに点在する民家を狙って空き巣をすることである。

吉岡たちと近県で空き巣をするときは、車の中で話が弾んで楽しかったが、一人だと自由に行動できるので、それはそれでまた楽しいものである。

青く輝く太平洋の海原を右に見ながら、田辺市から1時間ほど走ったであろうか。国道沿いに点在する商店や民家が視界の中に入ってきた。

それらの家屋は総数で200ほどだろうか。住民の半数以上が、漁業や商業、農業に従事している串本の和深《わぶか》である。

車の速度を落として、在宅か不在かを見極めるために視線を集中した。時間は午前9時。この時間から午後の4時頃までが、空き巣犯にとって最も安全で稼ぎやすい時間帯である。

車が車庫になく、洗濯物が外に干され、廊下にカーテンが引かれていれば80パーセントは留守だ。と、泥棒の名人であった吉岡の兄に教授されていたので、その言葉に従って道路ぎわの家に近づき様子を窺うと、人の気配がしない。

玄関に近づいて戸に手をかけてみるとガラッ！　音を出して動いた。これは在宅しているか、泥棒に荒らされたことが一度もない証拠である。

家屋を一周して、窓から中を窺った。台所の電灯は消され、テレビの音声も聞こえない。間違いなく留守だ。

大胆になった私は、玄関から堂々と侵入した。しかし、そこまでは順調だったが、後が悪かった。どこを探しても10円の金も出てこないのだ。畑仕事か近所で立ち話でもしているのであれば、90パーセントの確率で、財布は台所の引き出しか、買い物籠の中、あるいはテーブルの上に放置してある。それがないとすれば、買い物に行っているのだ。そんな家で物色するのは時間の浪費である。早々に退散した。

車の停車位置を変えて、小道が蛇道している丘陵に向かった。50メートルほどの急坂を登っていくと、緩い傾斜地に野菜畑が広がり、7~8軒の民家が点在しているのが見える。

まさに穏やかな田園風景であるが、人の姿が見えないのだ。静かな風景の中で、動くものは、ゆっくり輪を描きながら飛翔するトビと人家の屋根で騒ぐスズメくらいのものだ。

私は別世界に迷い込んだような不気味さを感じながら、狙いをつけた家に忍び寄った。ここも玄関に鍵が掛けられていない。台所に金はなかったが、タンスの中に収められた着物の間から1万円札が5枚出てきた。

朝から運がついているぞ。と思いながら次々と3軒の家に侵入。合計で15万と6000円の収入。一日の稼ぎ目標が10万円だから、それを突破したことになる。

仕事を中止して帰ろうかと思ったが、運がついているこんな日にチャンスを逃すことない。荒らせるだけ荒らしてやれ。欲を出した私は次の家に向かった。

●侵入した家は子だくさん

高さ1メートルほどの石垣に三方を囲まれた平屋建ての家は、建築後2～3年ほど経っているだろうか、ほかの家と比較しても生活の基準が高そうである。

広い庭の片隅には30鉢ほどの盆栽が並べられ、玄関の近くには大量の網がうず高く積まれていて、その近くには、ガラス製の丸い浮きが12～13個、太陽の光を浴びて青く輝いている。

それらの光景から、この家の主人は大型の漁船を所有している漁師だな、と推察した。これは、ひょっとしたら20万～30万の金を置いているかもわからんぞ。と、胸を弾ませながら玄関に近づいた。

ところが人の気配が感じられないのに、玄関のガラス戸が開いたままなのだ。おかしいな？と思いつつ中を覗いてがっかりした。

玄関の土間には、足の踏み場もないほど大小さまざまで色鮮やかな子供用の運動靴が7～8足ほど散らばっているのだ。

ところが、それはまだ序の口だった。

それらの光景に呆れながら視線を正面に向けてびっくり。障子は12～13匹ほど猫を飼っているのでは、と思うほどビリビリに裂かれた状態で、畳の上には雑多な玩具類が散らばり、表で乗るはずの三輪車まで転がっているのだ。

その状態を見てがっかりした。過去の例を振り返っても、こんなだらしのない家に金などあった例《ためし》がなかった。こんな家はいくら時間を要して探しても、出てくるのはバーゲンのチラシか埃くらいのものだ。えらい家に目をつけたものである。呟きながら踵を返したが、70〜80メートルほど歩いて動きを止めた。

玄関も、どうぞ入ってください、といわんばかりに開いたままだし、ジュースかお茶でも飲んで帰ろうか……、のどの渇きに誘われて引き返したのだった。

台所に向かうと、思いがけずきちんと整理されていた。子供が多いためか冷蔵庫も大型で、牛乳、フルーツジュース、プリンなどがぎっしりと詰まっている。

牛乳をがぶ飲みしていると、かすかな話し声が窓から流れてきた。

窓から覗くと、野菜畑の上にしゃがんだ老婆と子供を背負って両側に三人の子供を従えた42〜43歳の女性が話をしているのだ。子供を四人も連れているところを見ると、この家の主婦に違いない。

その様子から見て、話は長引くだろう。それならせっかく侵入したのだからざっと探してみるか、と廊下に出て6畳の部屋に侵入。タンス、押し入れ、鏡台などを調べてみたが一銭の金も出てこない。やはりな……、探すのも時間の無駄か……。と、思いつつ次の部屋に続く襖を引いた。

そこは裏庭に面した8畳の部屋であるが、壁際に大きな勉強机が据えられただけの殺風景なものだった。

本棚には小学校二、三年用と思われる教科書や、ノート、漫画本などがぎっしり並べられている。子供好きな私は、どんなものが入っているのだろうか……、興味本位で横長の引き出しを開けた。そこにはクレヨンで描いた漁船や港の絵、人物などの絵が7～8枚ほど入っていた。

ほう、上手いやないか……。感心しながら自分の子供時代を脳裏に浮かべていた私は、ここには何が入っているのだろう？　と思いながら、右側の3段になっている引き出しに手を掛けた。

カチッ！　と小さな金属音がして、引き出しは私の手を拒否した。鍵をしているのだ。子供のくせに何を隠しているんだろう？　鍵をしているところをみると、親に見られたくない何かだ。なんだろう？　ラブレターか……。いや、いくら早熟でも股間に小指ほどの青いバナナをぶら下げているチビが、恋愛などするはずがないではないか。

とすると、カブトムシか、それとも蜻蛉《トンボ》などの標本であろうか……。それとも、ヘビ、カエル、イモリ、カマキリの類を容器に入れて隠しているのでは？　障子や荒れ放題の屋敷からヤンチャ坊主を想像しながら、怖いもの見たさの誘惑に負けた私は、ドライバーを隙間に差し込んでこじた。

●集金カバンを発見！

ガタッ！　大きな音を立てた引き出しが、3～4センチほど開いた。

恐る恐る引き出しを開けた私は、なんだこれは……、思わず呟いた。私の予想に反して、引き出しはこの家の親父が使用しているらしく、茶色の集金カバンや、大型の茶封筒、書類の束が収められていたのだ。

過去の経験から、集金カバンには90パーセントの確率で金が入っているだろう、と思い高まる胸の動悸を感じながら集金カバンのチャックを開けた。

千円札が目に飛び込んできた。数えると9枚しかないが何もないよりはましだ。次に集金カバンの下にあった大型の分厚い茶封筒を掴みとって中を覗いた。その瞬間、私は目玉が飛び出るほど驚いた。

なんと大型の茶封筒には札束がぎっしり詰まっているのだ。９０００円とは桁が違う。信じられなかった。これは一万円札をコピーした偽札に違いない。茶封筒を逆さにして畳の上にぶちまけた。銀行の封印がされた九つの札束がドサッ！　と音を立て、バラの一万円札が50～60枚ほど散らばった。

私は自分の財布から抜き取った一万円札と比べてみたが、異変はない。おかしいな？　と思いつつ、バラ札の番号を調べてみたがどれひとつ同じものがないのだ。その時点で、これは本物の一万円札であると覚った。

一瞬、頭の中が真っ白くなり身体が震えた。

やった！　やったぞ！　泥棒に入っていることも忘れてしまった私は、散らばった一万円札を夢中で集めはじめる。

その後、私は仏壇の前に駆け寄るやいなや、神様、有り難うございました。有り難うございました！　あまりの嬉しさに2回も頭を下げて感謝の念を表したのだった。

泥棒に罰を与えても、金を恵んでくださる酔狂な神様などいるはずはないのだが、生まれて初めて掴んだ大金に、嬉しさで脳が麻痺してしまったのだろう。

この家の仏様は怒り心頭に発し、このくそ厚かましい泥棒めが！　畏れ多くも神を愚弄しおって、必ず天罰を与えてやるぞ！　と私の背中を睨みつけていたに違いない。

大型の茶封筒を胸に抱きしめた私は、両足が宙に浮いているような感覚で表に走り出た。眼下に広がる海原が太陽の光を反射してキラキラと輝き、私の心も嬉しさで輝いていた。

●被害付けへ

その後、2か月ほど過ぎたある日のことだった。奈良県五條市の国道を走行中に、張り込んでいた県警本部の刑事たちに逮捕された。まさに天罰テキメンとはこのことだろう。

その日から4か月ほど厳しい取り調べが続き、終了後、被害付け（侵入した家を再確認、家人から事情聴取を行い、犯人である私が指差す侵入口の写真を撮ったりする）に行くことになった。

被害付けは、件数によって一日で終了することもあるが、多いときは2回も3回も現場に出向くことがある。今回は20件ほど荒らしているので、3～4回は楽しい旅行に行くことになるだろう。

4か月も留置場と刑事部屋の往復を繰り返す日が続くと、ストレスが蓄積して気分が苛々してくる。そんな状態になっているときに「明日から被害付けに行くから……」と刑事に告げられたときは、嬉しさでその夜は寝つけず、翌朝は寝不足になるほどだ。

刑事たちも、日頃の堅苦しい署内生活から解放されるのが嬉しいらしく、ケチがケチでなくなってしまい、道中では自腹を切って何でも食べさせてくれる。そんな状態だから日頃の空腹を、このときとばかりに満たすことができるのだ。

満腹になれば、車窓から女性を視姦することに熱中する。刑事が三人も乗っているので股間に手を伸ばすことはできないが、女性の姿を脳裏に収納して、帰署後に留置場の便所でシコシコを繰り返して満足するのだ。

そのときの気持ちよさは、たまらん。

そんなことで、私は早朝から浮き浮きとした気分で公用車に乗り込んだ。

午前中に田辺市で2軒の被害付けをすませて、午後、大金を頂戴した和深に到着、数軒を無事にすませて残るは1軒。

表門の近くに、私と若手刑事二名を残した鎌倉部長刑事（45歳）が、事情聴取のために家屋の中に姿を消した。ところが、ほかの家だと15～16分ほどで終了するのだが30分経過しても姿を見せないのだ。どうしているのだろう？　二人の刑事と首を傾げているとさらに10分ほどしてから現れた。

●命を救ってもらった

長身で色が黒く、鼻下にチョビ髭を蓄えた彼が助手席に座ると、後席を振り向いて、

「青木よ、奥さんがな。お前に命を救ってもらった、と言って涙を流していたぞ」

私の目を凝視したのだった。

「命を助けてもらった？　どんなことですか……」

私には何のことかわからなかったが、二人の刑事も一瞬、助手席を凝視した。

「実はな、この家の親父は大型の漁船を持っていて八人の漁師を雇っているそうた。今度も2か月ほど北海道で鱈漁をして帰港したので、漁師たちの給料を銀行からおろして机の引き出しに入れておいたところ、その翌日に金が消えてしまった、ということや」

「ほう、タイミングがよかったというのか、そういう偶然もあるのですね」

38歳で銀行員のような顔をした山田刑事が、鎌倉部長刑事に言った。

「そうやでえ、その奇跡のようなタイミングのよさが、嫁さんにとって仇となったんやな」

「えっ！　仇と言いますと……」

山田刑事が細い眉を寄せて聞き返した。

「銀行からおろして、その翌日に札束が消えたもんやから、女房が盗んだに違いないと思い込んでしまった亭主が『どこの男に金を貢いだんや！　男の名前を言え！』と逆上して嫁さんに殴る蹴るの暴行を加えたそうや。幼い子が四人もおる古女房でも、浮気したとなると焼き餅を妬くんやな……」

しんみりした口調で言った鎌倉部長刑事は、煙草に火を点けると続けて話しはじめた。

「――『なにを言ってるんよ。子供が四人もいるのに浮気なんかしません！』と嫁さんが反発したそうだが、旦那はこう言ったそうなんや。『この女《あま》っ！　〝盗人猛々しい〟とはお前のことや！　まだ嘘をつくんか』と半狂乱になって暴力をふるい、『その男はどこのどいつや、正直に言わんと、お前も子供も叩き殺してしまうぞ！』と、酒を飲んでは毎晩暴れまわり、生傷が絶えない状態だったそうや。嫁さんは『そんな状態が続きましたので、いっそ子供たちを道連れにして死のうと思うようになりました。ですが、子供たちの安らかな寝顔を見ていると哀れになって、それもできません。それなら子供たちを主人に託して自分だけ死んで、身の潔白を証明しようと思っていた矢先、警察から、お宅に侵入した犯人を逮捕しましたので……、と連絡があったのです。それで主人も納得してくれまして〈申し訳ない〉と謝ってくれました。その日まで私も犯人を恨んでいたのですが、正直に白状してくれましたので死ぬこともなく、残された子供たちに寂しい思いをさせずにすみました。それを思うと盗まれたお金など問題じゃありません。〝罪を憎んで人を憎まず〟という言葉がありますが、今の私は泥棒さんを憎むより、むしろ感謝しているのです。命を救ってもらったのですから』、と言ってな、涙を流していたよ。そしてな、『犯人の方は、どのような事情で泥棒をするようになったか知りませんが、家《うち》の子供のように純真な頃があったはずです。どうか、子供時代や親のことを思い出して、真面目な人間になってほしい、と私が言っていたと伝えてくれませんか。お願いします』と頭を下げていたぞ」

煙草の吸い殻を捨てた鎌倉部長刑事。

「俺もな、青木よ。長年刑事をやってきたが、被害者は犯人を憎むだけで、ここの嫁さんのように、犯人の更生を願うやさしい人はなかったぞ」

「そうですね。一時は恨んだのでしょうが」

山田刑事が一瞬、私に視線を向けた。

「そうやな、お前が逮捕されなかったら、嫁さんは間違いなく自殺していたやろう。そんなことになったら間接的ではあるが、殺人を犯したも同様になって、検事の求刑も高くなっていたぞ。青木よ」

目を細めて視線を前方に向けた鎌倉部長刑事が、

「おっ、奥さんが出てきたぞ。買い物に行くのかな……」

と呟いた。四人の視線が表門に集中した。両側に三人の子供を従えて背中に赤ちゃんを背負った37～38歳の女性が、買い物籠を持って出てくるのが見えた。

中肉中背で漁師の妻とは思えぬ色白の美人顔は、以前台所の窓から覗き見たので知っていたが、しばらく続いたであろう夫の暴力と、自身の心の葛藤に見違えるほど痩せ衰え見る影もなかった。

「先ほどはすみませんでした」

車の助手席に近づいてきた女性が、鎌倉部長刑事に頭を下げた。

「いや、いや、こちらこそお手数をかけて申し訳ありませんでした」

女性に向けた笑顔を引き締めた鎌倉部長刑事が後席に首を回した。

「青木。奥さんや、謝っておけよ」

低い声で言った。頭を下げて謝罪する私に向かって、

「これからは真人間になって頑張ってください」

小さな声で言うと、笑みの浮かんだ目を再び鎌倉部長刑事に向けて頭を下げた。去っていく彼女の後ろ姿を目を細めて見ていた山田刑事が、助手席に声をかけた。

「部長、よくできた奥さんですね」

「そうやな。加害者に対してあんな態度はなかなかとれんもんやがな。ようできた人や」

鎌倉部長刑事が大きく頷いて呟く。

「まあ、無事にすんでよかったが、あんな可愛い子供たちを残して死んでいたらと思うとゾッとしますね」

黒縁の眼鏡から手を離して、去っていく母と子の姿に視線を集中していた山田刑事が、しんみり

とした口調で言ったときだった。

母親の両脇に付き添って歩いていた三人の子供たちが、突然、後を振り向くと、

「おじちゃん！　さよなら！」

それぞれがもみじに似た小さな手を大きく横に振りながら、黄色い声で叫んだのだ。

「青木、手を振ってやれよ。可愛い子供たちやないか。なあ……。お前もあんな可愛い子供時代があったんやで、純真な時代がな」

母子の姿を視線で追っていた鎌倉部長刑事が、再び後席を振り向くと、

「それが今では、人生の裏街道を歩く情けない男に成り下がっているんや。両親だって墓の中で泣いているぞ、きっと……。どうや青木。今回を最後に悪事から足を洗って真面目にならんか。人生は一度しかないいんやでぇ」

しんみりした口調で言うと、

「本当に可愛い子供たちやな……」

と、呟いた。

後ろを振り返り、振り返り歩いていく子供たちの姿は、私の真っ黒く汚れた心を洗い清めてくれる、汚れなき天使の姿だった。

盗品を捌く女

●カメラを盗み売ろうとしたが……

8月の初旬、4年の服役を終えて大阪刑務所を出所した私は、求人広告を見て訪れた和歌山市内のパチンコ店で働くことにした。

今度こそ悪業から足を洗って人生の再出発をしたいと決意してのことだったが、20歳の頃より身に染みついてしまった放浪癖が頭を持ち上げ、4か月ほど働いた店を無断で飛び出してしまった。

そうなれば〝あとは野となれ山となれ〟で、従来の悪癖を発揮して西日本を荒し回るようになったのだが、ある夜のことである。

三重県の津市を走行中に、街灯の明かりに浮上しているカメラ店を見つけた。店舗の構えから高級カメラを数多く置いているに違いないと推察した私は〝獲らぬ狸の皮算用〟とかで心を弾ませながら、深夜まで仮眠すべく近くの空き地に車を乗り入れた。

数時間後、現場に到着した私は路地づたいに家屋の裏にまわり、台所のガラス窓を割って屋内に侵入した。

ムッとする空気に押し包まれて店舗に足を進めると、陳列ケースに並べられた数種類のカメラが視野の中に飛び込んできた。

壁に取り付けられた陳列ケースのカメラを含めると、70～80機はあるだろう。これを全部売却すると100万にはなるだろうと、脳裏で計算しながら作業にとりかかった。

高級品のニコン、キヤノン、ミノルタ、アサヒペンタックス、オリンパスなどを車に積み込んだ。その後、盗品を買い取ってくれる和歌山市内の韓国人の新本さんに売却するべく、夜が明けてきた津市を後にした。

数時間後、今回は高級品ばかりなので新本さんも高値で引き取ってくれるだろう、と胸を弾ませながら和歌山市内の自宅を訪れると、以前は愛想よく迎えてくれた妻女が、色黒のやつれた顔に機嫌の色を浮かべ、

「主人は三日前に逮捕されました」

と冷ややかに言った。

韓国人の新本さんは、

「品物《ぶつ》は韓国で捌くので心配することはないよ」

と、脂ぎった顔に笑みを浮かべたので安心していたのだが、発覚するとは……。ヤバイ！　頭の

中で警鐘が鳴り出した。

受話器をつかむ妻女の姿を脳裏に浮かべた私は、一刻も早く危険な場所から離脱するべく表に飛び出した。

ほどなく和歌山城の近くに車を停めた私は思案に暮れていた。

これまでは品物さえ運び込めば、数に制限なく買い取ってくれたが、本人が逮捕されたとなれば、苦労して入手したカメラも宝の持ち腐れになってしまう。

正規の品物であれば入質する方法もあるが、手配がまわっている盗品では〝飛んで火に入る夏の虫〟と同様で、すぐ逮捕されてしまう。

なんとかカメラを捌くいい方法がないものか……、と思いつつ車から離れてネオンが点滅しはじめた街頭を彷徨っていると、任侠映画の看板が目についた。

任侠映画の大好きな私は、カメラの処分方法は明日ゆっくり考えることにして、今夜は映画でも観るか、と楽観的な気持ちで入館したのだった。

●赤いワンピースを着た女性

高倉健と藤純子が共演する映画は人気があって満席のため、私は後方の壁にもたれて立ったのだが、ほどなく赤いワンピースを着た女性が2メートルほど離れた場所で同じ姿勢をとった。

青白い映写光に浮かぶ彼女は、中肉中背で頭髪を肩まで垂らした目鼻立ちのくっきりした美人である。チラッ、と視線を流すと彼女が私のそばに移動してきた。

「お兄さん、ライター持ってない?」

ハスキーな声を出して微笑むと、まもなく私の身体に密着するほどの位置で煙草を吸い出したが、間もなく、

「ねえ、お兄さん、外でお茶でも飲まない?」

と誘ってきたのだ。なんだその手の女性か、無言で首を横に振ると、

「外に出て遊ばない?」

私の手にタッチして色目を使ったのである。

映写光を反射した目に魅了され、外に出ようか、と思った瞬間、私の脳裏に妙案が浮かんだ。この女性に頼んで入質させれば、と……。

そうすれば指紋から発覚することなく安全である。

そう判断した私は、彼女の誘いに乗って喫茶店に足を向けた。しばらく雑談した後でカメラの件を持ちかけると、否応なしに首を縦に振った。

人生の裏街道を無軌道に歩いているらしく、カメラをどうして手に入れたの? なんて野暮な質問はしない。

38機ほど持っているのだが、と言うと、

「とりあえず10個だけちょうだい。残りは明日、捌いてあげるから」

切れ長の目を輝かせた。

駐車場に案内すると、

「いいカメラね。こんな高級品なら100でも200でも捌いてあげるから、手に入れたらすぐ持ってきてよ」

カメラについても知識があるらしく、嬉々とした表情で大型のバッグにカメラを入れた彼女は喫茶店を後にした。

その後ろ姿を見送った私は、彼女は戻ってこないのでは？　一瞬危惧の念を抱いたが、ウェイトレスの態度から常連客らしいと判断して待っていると、1時間ほど経過した頃、顔を紅潮させた彼女が喫茶店に駆け込んできた。

「ごめんなさい、遅れちゃって。友だちに全部買ってもらったのよ」

香水の匂いを発散させながら私の前に立った。売却した値段は10機で15万円とのことだから、定価の三分の一で処分できたらしい。

約束したとおり手数料として5万円を渡した。常識では考えられない金額だが、無料で手に入れた品物だから、安全の代償だと思えば安いものである。

彼女は〝鴨がネギを背負って飛び込んできた〟ような福の神を逃がさないためにと思ったらしく、

「明日、全部捌いてあげるから、今夜はわたしのマンションに泊まってよ」

切れ長の目に笑みを浮かべて誘ってきた。私もヤバイ仕事をしているため、旅館やビジネスホテルに投宿するのはできるだけ避けることにしていたので、彼女の申し出に同意してマンションに赴いた。

●彼女のマンションへ

その後、出前の寿司を食べながら、

「カメラ以外にも……、たとえば宝石や貴金属、時計、絵画などは手に入らないの？ それらの品物ならいつでも持ってきてちょうだい。先ほどカメラを買ってくれたのもその人なのよ。韓国の人だけど、お金も持ってるし、口も固いから心配することはないわ。ただし、カメラ以外の品物は定価の半額になるけど、大量に持ってくれれば二人で分けてもいい儲けになるわよ」

切れ長の目を輝かせ、甘い言葉で私を誘う。私は品物を手に入れる技術はほかの泥棒に負けない自信があるが、盗品を売却する闇のルートを知らないので、そのたびに苦い思いをしていたのである。

そうであれば彼女と結託して儲けるほうが手っ取り早く、今までのように一種類の品物を扱うよりも、種類の多いほうが得策と言えよう。私は彼女と約束した。

その後、入浴をすませた私は、二組敷かれた布団の一つに身体を横たえた。

「明日は忙しくなるから休みましょうか」

彼女の言葉で会話を打ち切り目を閉じたが、5~6分ほどすると、隣の布団から抜け出した彼女が私の横にもぐり込んできた。

その後の彼女の態度は、長い拘禁生活をしてきた女囚のように荒々しく大胆なものだった。執拗なキスが続き、彼女のしなやかな指が私のチンボをゆっくりこすりはじめる。雨後の竹の子のようにアッ、という間に大きくなったものを口に含んで動かしはじめた。

ああっ! 気持ちいい! 彼女を押し倒してパンティーに手をかけると、

「いやっ、恥ずかしいから電気を消して」

首を左右に振って身体をくねらせる。暗闇のかでパンティーを剥ぎ取り、すでに熱くなっているだろう性器に指を入れようとした瞬間、

「傷がつくといけないので指で触らないで」

私の手を荒々しく掴んで阻止した。それでは、と手を使用せずに腰を落としかけると、

「わたし正常位が嫌いなの。だから後ろから抱いてちょうだい」

背筋がゾクッ、とするような色っぽい声を出す。正常位が嫌いとか、触られるのが嫌だとか、いっ

たいこの女はどうなってんだ？　と思ったが、すでに興奮状態が頂点に達している私は、冷静に考えるゆとりなどない。

犬のように後背位の姿勢をとった彼女の尻を触ろうとしたら、その手を振り払って、

「早く！　早く入れて！」

私の肉棒を性器にあてがった。腰を動かした瞬間、ヌルッとした感触と同時にキュッ、キュッ、と肉棒を締めつけてきた。

「ああっ！　気持ちいい！　もっと奥まで突いてちょうだい！」

甲高い声を出した彼女が腰の回転を早くする。私の股間で爆発した快感が背骨を伝わり脳を突き抜けた。

「あーん！　一緒にいかなきゃだめじゃないの」

天国行きの列車に乗り遅れた彼女が不満の悲鳴を上げた。

彼女のしなやかな指の動きで再び勃起した肉棒が、小さな穴にのめり込んだ。二回目の挑戦は5～6分ほど続いたが、天下の名器には対抗することができず、彼女の甲高い声と同時に私の精液が穴の奥に吸い込まれていった。

やがて深い眠りに落ちてからどれほど時間が経ったのであろうか。尿意で目が覚めるとナイトランプに照らされた彼女の寝姿が私の目に飛び込んできた。

枕元に広がった長い髪、寝化粧をした細面の顔は彫りが深くハッ、とするほどの美人である。形の良い唇を見ているうちに、股間の肉棒が再び伸びてきた。

●彼女の正体

よしっ、もう一発やろうか。と、思ったとたん私は、彼女が頑なに拒んで触れさせなかった秘密の性器を見たくなった。

容姿もすこぶる美形なので、性器も美人の唇に紅を塗ったような美しいものに違いない。触るのはご法度だが見るだけなら支障はなかろう。都合のよい解釈をした私は青色をしたパジャマのズボンに手を伸ばした。

先ほどは暗闇の中で行った攻防戦なので、パンティーの色もわからなかったが、どんなものを穿いているのだろうか。ピンク色かそれとも純白のものか。胸の鼓動を感じながらズボンをゆっくり下げていくと、真っ赤なパンティーが現れた。

生唾を飲み込みつつパンティーをゆっくりゆっくり下げていくと、薄毛が現れた。やった！　肛門の周囲まで毛が生えている女は不潔感があって嫌いだ。

よしっ、あと少しでピンク色の性器が現れるぞ。再び生唾を飲み込み、震える指先でパンティーを下げた。一瞬、私は自分の目を疑った。

どうなってるんだ、これは……。ピンク色の性器がある場所に、あろうことか赤黒く変色したドデカイ肉棒がだらり、とぶら下がっているのだ。不気味さで頭髪が逆立った。

「なんだ、これは！」

仰天のあまり声を出してしまったので、彼女、いや、オカマ野郎が目を覚ましてしまった。

「どうしたの？　眠れないの？」

流し目で私を見たのだが、その瞬間、自分の下半身が剥き出しになっているのに気づいたらしく、ドデカイ肉棒を両手で覆い隠すと、

「見たのね」

人相がこれほど変化するものかと思うほどの形相で、私を睨みつけてきた。

「なにが見たのねじゃ！　俺を騙しやがって。この化け物が！」

失望と腹立ちで怒鳴りつけると、

「化け物……、悔しい！」

一瞬、両手で顔を覆った彼女、

「化け物なんてよく言えるわね。わたしは正真正銘の女よ。失礼なこと言わないでよ」

「なにが失礼や。このどアホめが！　正真正銘の女とは聞いて呆れるわい。どこの世界に巨大なチンボをぶら下げた女がいるんや」

「なによ、チンボなんて下品なこと言わないでよ。その下品なチンボを股につけてるのはあんたでしょうが！」

「どアホ！　お前もチンボやないか」

「なにを寝ぼけたこと言ってるの。わたしはね。花も実もある日本女性なのよ。だからあんたも、いく、いく、と何処に行くのか知らないけどよがり声を出して楽しめたでしょうが」

「なにが楽しめたじゃ！　臭い穴に俺の大切なものを入れさせやがって。この化け物めが」

「また化け物って言ったわね。じゃあ、その化け物とやらのお尻の穴に入れて『いくっ、いくっ』とよがり声を出したのはどこの唐変木よ」

「お前に騙されたからや。知ってたら汚い穴に入れたりするもんか。チンボが腐って使いものにならなくなるからな」

「腐ってしまうなんて、よく言えるわね。あんたも穴がついてるでしょうが！」

「穴はついてるが、俺のは排泄するためのもので、入れたり出したりする穴ではないぞ、このくされ外道の化け物が！」

逆上した私は立ち上がるなり、オカマ野郎の顔に強烈なキックを飛ばした。

「てめえ！　なにしやがるんだ、くされ外道とかオカマ野郎とかぬかしやがって。もう勘弁ならねえ、ぶっ殺してやる！」

本性を現したオカマ野郎が立ち上がり、凄い形相で掴みかかってきた。だが、喧嘩なれした私のパンチを顔面と腹部に受けたオカマ野郎は、マンションの住民が仰天するほどの声で泣き出した。彼女（?）にとってくされ外道と面罵されたのは、憧れである女性としてのプライドを土足で踏み潰されたような侮辱だったに違いない。

●再会

その後、11年の歳月が流れ去った。前科を重ねていた私は悪運が尽きて大阪刑務所で服役することになったが、ある日のこと、運動場で後方から声をかけられた。

「どこかで見たことがあると思ったのだけど、やはりお兄さんだったのね」

振り向くと37～38歳の顔立ちの整った男が目を輝かしていた。

「……?」

「嫌だあ！　お兄さん。もう忘れちゃったの？　和歌山の美加よ、美加」

首を傾げる私に近づいてきた男が、手を握り締めてきた。

その瞬間、私は驚愕の声を出していた。

肩まで垂らしていた髪は切られて坊主頭になり、真っ赤なワンピースはネズミ色のジャンパーとズボンになっているが、私と乱闘して悲鳴を上げたあのときのオカマだったのだ。

「思い出した。カメラを捌いてもらった……」

「そうよ、そうよ、美加よ」

彼は握っている私の手に力を込めて切れ長の目を輝かせた。

「しかし、あんたとこんな場所で再会するとはな」

「そうよね。わたしもお兄さんを見た瞬間、自分の目を疑ったわ。刑務所で再会するなんてねえ。わたしたちはきっと目に見えない赤い糸で繋がっているのかもね」

彼は私を見上げている切れ長の目をうるませた。

(赤い糸で繋がっているのか……)

そう思った私の脳裏に『わたしは女よ、失礼しちゃうわね』と顔に青筋を浮かべて抗議してきた彼の顔がフラッシュバックした。

「しかし美加ちゃん、なんの罪で逮捕されたのか知らないけど、本来なら和歌山の女子刑務所に護送されるはずだけど、なんで大阪刑務所にきたの?」

オカマであろうと、股間にチンポがついていれば、女子刑務所に服役することは絶対にない。そんなことは百も承知しているのだが、過去に苦い経験をさせられたことがあるので、二の舞を避けるべく彼のプライドを言葉の甘い刷毛でくすぐってやった。

「そうよ、そうよ、そのことよお兄さん。よく聞いてくれたわ。わたしは女だから当然、和歌山の女子刑務所でお務めすることになると思ってたのよ。ところが拘置所の分類課長が『君は自分を女性だと思っているのだろうが、男の性器が股間についている以上は女子刑務所に護送することはできないんだよ。そんなことをすればオチンチンの奪い合いで君が殺されてしまう可能性があるからや』と笑うのよ。オチンチンの奪い合いなんて失礼しちゃう。そうでしょ、お兄さん」

分類課長の顔が脳裏に浮かんだらしく、形のよい眉を寄せた。

「しかし美加ちゃんのような美人は、大阪刑務所《ここ》でもモテるだろうね。男ばかりの世界だから」

「あらっ、モテるなんて嬉しいこと言ってくれるのね」

身体をくねらせて目を輝かせた。

「でもね、お兄さん。一つだけ困ることがあるのよ」

細く整えた眉の間に深いシワをきざんだ。

「困るって、どんなこと?」

「そうね、あのことがあったのは、わたしが大阪刑務所にきてから5~6日ほど経った頃だったわ。9時ごろかしら。わたしが入ってる新入監房に職員がきて『玉検!』と言うのよ。なんですかタマケンって? と聞くとね、『お前は初めて刑務所に入ったのか? 玉検というのはな、チンボに玉を入れてるか入れてないか、調べることだ。ズボンを脱いで出さんかい!』と言うのでパンティーを脱いだのよ。そうしたらなんて言ったと思う?」

彼はその場の光景を思い出したらしく顔を紅潮させた。

「なんと言ったの？」

「『うわっ、立派なチンボしとるやないか。俺の2倍はあるぞ。恐れ入りました』って笑ったのよ。恥ずかしいったらありゃしない。そうでしょう、お兄さん。女のわたしにとっては、もっとも屈辱的な言葉じゃない。刑務官って、本当にデリカシーがないのね」

色白の整った顔に再び朱の色を浮かべる。

その瞬間、私の脳裏にあの夜のことがフラッシュバックした。胸を弾ませながら真っ赤なパンティーをゆっくりゆっくり下げていくと……、現れたのはハッ、と目を見張る美しい性器ではなく、ゲエッ！　と吐きたくなるような赤黒いナマコに似た巨大なチンボだったのだ。

女性だとばかり思っていたので、腰が抜けるほど仰天した。あのときは……。

オネエ言葉と反比例する巨大なナマコ、チンボを股間にぶら下げている彼女（？）の悩みはいつ解決するのだろうか。

刑務所で青ピカの坊主頭にされても、女性として生きようとする彼の顔を見ているうちに、私の胸の中を爽やかな風が吹き抜けていった。

人生いろいろ、人の生き様もさまざまである。

人情刑事

●生活保護を受けての生活

私は20歳の頃から今日に至る五十数年間、改心することなく悪事を重ねてきたが、犯行現場で家人や警察官に発見されて捕まったことは一度もない。と豪語したいところだが、一回だけ忍び込んだ家で発見されて、家人に取り押さえられたことがある。

プロを自覚する泥棒にとって、現場で発見されて捕まってしまうことは恥の上塗りにひとしく、現在まで他言することはなかった。

しかし、その後年月も経過したこともあって、その事件を契機にして悪業から足を洗うことができたので、思いきって自分の恥を曝け出してすっきりしようと思う。私のプライドを破壊してしまった事件が起きたのは平成23年の秋のことだった。大阪刑務所を出所した私は、釜ヶ崎で有名な西成に向かった。

家族のいない刑余者にとっては、労働者や前科者の多いスラム街は住みやすく、出所するたびに西成に足を向けていたのである。

所持金を多く持っているときは飛田遊郭に足を運んだり、ジャンジャン横丁で串カツを食べたり映画や芝居を観たりで12~13日を過ごし、再び悪事を重ねるべく地方に向かうのを習性としていた。

西成には日雇い人夫や、長期間滞在する労働者のための簡易宿泊所が50軒ほどあるが、そのうちの〝ホテル立花〟に私は4~5日の予定で宿泊した。

その後、五日が経過したので出発のためフロントに赴くと、70歳前後のマネージャーが、

「お客さん。仕事をするために西成にきたんでっか?」

人のよさそうな顔に笑みを浮かべて話しかけてきたのである。

「ええ、仕事はしたいと思っているのですが、病院から退院したばかりなので、あと1か月ほど休養してから働こうと思っているのですが……」

犯罪者や前科者の多い西成とはいえ、五日前に刑務所を出所したばかりだとは言えないので嘘をついた。しかし、西成の簡易宿泊所のマネージャーをするほどの人物であるから、海千山千の強者であることは間違いない。

私の色白な顔や服装、手荷物の少なさから判断して、一瞬のうちに刑務所を出たばかりの人間だと思ったのであろう。その証拠に、

「それでは、生活保護を受けて私のところでゆっくり静養したらどうですか……」

と言ったのだ。

生活保護を申請しても役所が簡単に許可してくれるだろうか？　と思い返事をしぶっていると、

「私に任せてください！」

と、その日のうちに市役所に同行して手続きをとってくれたのだった。

翌日から生活保護を受けることになった私は、当然のことながら最低限の生活をすることになったのだが、貧しいながらも安らかな日々を過ごせるようになった。

悪事を重ねていれば、たまには大金を手に入れて優雅な生活もできるが、その代償として刑務所で人間性を剥奪された惨めな生活をしなければならない。

それらの苦しかった生活のことを思えば、二度と手首に手錠をかけられるというようなことはしたくないのだが、その思いも日々が経過していくうちに薄れて、再び罪を犯してしまう。

●再び盗みの旅へ

私の場合も、親切なマネージャーのおかげで生活保護を受ける身となり、精神的には安穏な暮らしをしていたのだが、1年が過ぎ去った頃から再び欲心が頭を持ち上げてきたのだった。

まさに〝バカは死ななきゃ治らない〟を実践しようとしているのだが、悪の病魔に犯された心は修正ができず、1年ほど滞在したホテルを後にして自転車で旅に出た。

本来なら車を窃取するのだが、盗難車だといつ発見されるかと、神経の消耗がはげしく、盗みが疎かになってしまうからである。

一人用のテントに若干の衣類、盗みに使用する道具類（ドライバー、手袋、懐中電灯、刺身包丁）を自転車に載せた私は、胸を弾ませつつ京都方面に向かった。

鈴鹿峠を越えて滋賀県を通過、その後、三重県に入って伊勢方面に向かう国道1号線に沿った民家を荒そうと思ったからである。

全身から吹き出てくる汗や疲労と戦いながら苦痛の5時間を費やして鈴鹿峠を越えた私は、昼間は山中や浜辺にテントを張って休養。夜間に民家を荒らす旅を続けた。

自転車を使用しての犯行は、スリルと旅行気分を味わう一石二鳥の走行だったが、〝天網《てんもう》恢々《かいかい》疎《そ》にして漏《も》らさず〟で悪運の尽きる日がきた。

鈴鹿峠を越えてから三日が経過した深夜のことである。数十年前に発生した毒入りブドウ酒の事件で有名になった名張市の郊外を荒らすべく、閑静な住宅街を物色していると、3～4メートルほど前方の建造物の角から、突然パトカーが姿を現したのだ。

ライトを消したパトカーのゆっくりした速度から判断すると、住人の誰かが私の姿を見て、不審者がうろついていると警察に通報したに違いない。

駆けつけたパトカーの警察官が、不審者を発見して職務質問しようと、路地や物影に鋭い視線を向けながら走行しているのであろう。

ヤバイ！　私の脳裏で警報が鳴り響いた。持参した荷物の中には泥棒の道具や刺身包丁まで入れてあるので、職務質問されると万事休すである。名張署に連行されて犯行を追及されると、再び長い刑務所生活をしなければならない。狼狽えながら、自転車を付近の民家の門内に入れて、植え込みの中に隠れたがすでに遅かった。停止したパトカーから飛び出してきた警察官が、門内に懐中電灯の強烈な光を向けた。

「こらっ！　そんなところでなにをしている！」

甲高い声で誰何してきた。

私の身体がスプリングのように反応した。高さ2メートルほどのブロック塀に飛びつき、飛び降りた。隣家との間にある路地を一瞬のうちに駆け抜け、家屋の裏に広がっているみかん畑の中を突っ走った。

その後、国道に出ると検問を張っている恐れがあるので、3キロほど鉄道の線路沿いに歩き危険地帯を脱出した。危機一髪で虎口を逃れることができたが、私の足取りは重くなっていた。悩みの原因は放置してきた自転車と荷物である。

自転車の登録番号から持ち主が判明するし、荷物の中には刺身包丁やドライバーなどの泥棒道具が入っているので、銃刀法違反容疑で指名手配されるだろう。ドジなことをしたと後悔したが後の祭りである。しばらく意気消沈して歩いていたのだが、逮捕されても窃盗は証拠を残していないので起訴されることはない。銃刀法違反も罰金刑ですむからと安易な気持ちで心の中でささやいた。

そうなると盗み心が再び頭を持ち上げてきた。夜明けまでに数時間あるので〝災い転じて福となす〟か、と呟きながら付近に視線を走らせると、平屋建ての家が目に飛び込んできた。

●侵入した家で取り押さえられる

門灯が点いているので、路地を伝って闇が広がっている裏口に忍び寄っていく。夜中とはいえどこに人の目があるのかわからないので、暗い空間は泥棒にとっては安全地帯なのである。

裏口は番犬もなく台所のガラス戸に手を伸ばしてみると思いがけなく動いた。過去に泥棒に侵入されたことがないのか、主婦が鍵を掛け忘れたのであろう。ポケットから小型の懐中電灯をとりだして台所から居間に忍び込んだ。

懐中電灯の光が円形のテーブルの上に置いてある新聞や眼鏡、時計、財布などを照らした。時計は中古のロレックス。盗まずに財布から数枚の千円札と一万円札を3枚抜きとった。

その後、寝室を物色すべく20～30センチほど開いている襖の角から室内に向かって懐中電灯を向けた瞬間、二組敷かれている布団の一つが撥ね上がった。

「誰やっ！」

男の甲高い声が誰何してきた。

私は過去に数えきれないほど忍び込みをして、家人の枕元を物色してきたが、発見されて騒がれたのは、以前、白浜の社長宅に侵入したときの一回だけだった。

そのため気が動転した私は、方向感覚が麻痺して台所に向かって走るところを奥に向かってしまったのだった。後ろから首筋をわしづかみにされそうな恐怖感に襲われながら走ったが、足がもつれて廊下の上に転がった。

夢中で起き上がった私の前に、寝室の明かりを背にした黒い人影が立ち塞がっていた。2〜3メートルほど間隔をおいているのは、泥棒が刃物でも持っていたら、と危惧の念を抱いているのだろう。

男に体当たりしてひるんだ隙に逃げようと思った私は、相手に恐怖を与えるべく、

「ワーッ！」

と、大声を出して飛びついていったのだが、その瞬間、私の身体が宙に浮いて廊下の上に落ちた。

夢中で起き上がったところを胸ぐらをつかまれて足払い。再び床の上に叩きつけられて身動きができないように押さえ込まれてしまった。

●真実の涙

頭に血が上って錯乱状態になったが、下手に暴れて相手に傷でも負わせてしまえば、強盗傷人の

罪で7～8年ほど服役せねばならないことになる。こうなれば、何十回でも頭を下げて、警察に連絡されることを防がねば……、と一瞬のうちに判断した私は、

「すみません」

「すみません、もくそもない。このコソ泥めが！　どこから入ってきたのだ！」

男は私を押さえ込んでいる手に、さらに力をこめた。

「台所です」

「なにっ！　台所の戸は鍵を掛けていたやろうが！　ガラスを割ったんか？」

「いいえ。鍵は掛かっていませんでした」

「そうか。それでなにを盗んだんや？　盗んだものを全部出せ！」

金をポケットから出していると、騒ぎで目を覚ましたらしい60歳前後の主婦が近づいてきた。

平身低頭で情けない声を出す私に、逃げることはないだろうと判断したらしく、男は私の身体から手を離して立ち上がった。

「どうしたの、あなた……」

パジャマ姿の主婦が低い声を出した。

「どうしたのって、見ればわかるだろう。盗人が入ったんや」

男の声に主婦の反応はなかった。

「おいっ、頭ばかり下げんでもいい。それよりなんで他人の家に入ったりするんや……」

「はい。金が欲しかったからです」

「金が欲しかった！　だったら働いて稼がんかい。真面目に働けば食べていけるやろうが」

「はい！　これからは一生懸命働いて人様にご迷惑をかけるようなことは二度としません」

私は廊下の上に両手をついて深々と頭を下げた。恥やプライドなんて言ってられない。警察に通報されないようになんとかこの場から無事に逃げなければ……。

コメツキバッタのように頭を下げ続ける私に、男の言葉つきが柔らかくなってきた。

「楽をして金を手に入れようとしたらろくなことにならんぞ。そんなことをしていたら最後は刑務所に入って自分の人生を台無しにしてしまうんや。そうなったら取り返しがつかん。そうやろうが……」

「はい。おっしゃるとおりです」

「見たところあんたはかなりの年配と思うが、盗人なんかしてたら嫁さんや子供が泣くぞ、ええ、情けなくてな」

「はい。そうですが、私には妻や子供もいないのです」

「そうか……。結婚はしたことがないのか？　まあ、いろいろと事情はあると思うが……。しかし、親はまだ生きているのやろう。かなり年配になっていると思うが」

「いいえ。両親も他界しておりません」

「うむっ、二親も亡くなったのか……」

男は重く呟き、一瞬静寂が訪れた。

「こんなことをするのは何回目や？」

男が再び口を開いた。

「今夜が初めてです」

前科が21犯もあるとバカ正直に言えば、消えかかった火に油を注ぐようなもので許してくれないだろう。

「そうやろうな。慣れた盗人は侵入口から逃げるわな。廊下の奥へ向かって走るようなヘマなことはせんやろう」

男は良いほうへと解釈したらしい。

「盗人なんかせんと、なんで仕事をせんのや、まだ働けるやろうが」

「はい。私も働きたいと思っているのですが、腰を痛めているのでだめなんです」

「それなら市役所に行って事情を説明し、生活保護を受けさせてもらわんかい。そうしたら腰の治療もできるし……」

「はい。私もそうしようと思ったのですが、生活保護の申請をするのが恥ずかしくて市役所に行けなかったのです」

「バカ者！　生活保護を受けるのが恥ずかしいって、盗人をするほうがずっと恥ずかしいことやろうが！」

「はい。そうです」

「よし、わかった。今日は警察に連絡せんといてやる。そのかわり二度と悪事をするなよ。約束できるか……？」

「はい！　もう二度と悪いことはしません」

「そうよ。まず病気を治して真面目に生きることね。汗を流して一生懸命働いていればいいこともあるし、それがこの世に生を授かった人としての使命でもあるのよ」

　男の横で私を見詰めていた妻女がしんみりとした口調で言った。

「そうや。これの言うとおりやでぇ」

　一瞬、妻女に視線を向けた男が言葉を続けた。

「徳川家康が〝人生は重い荷物を背負って長い坂道を登るが如し〟という教訓を残しているが、まさにそのとおりや。長い人生には苦しいこと、辛いこと、悲しいことなどが津波のように押し寄せてくることがある。しかし、それに負けて自ら死を選んだり、自暴自棄になって法律を犯すようなことをしたら人生はそれでおしまいや……」

「そうよ。今主人が言ったように、人の一生は重い荷物を背負って長い坂道を上るようなものでたいへんなのよ。でもね、過酷な坂道でも頑張って登っていれば、小鳥のさえずりが聞こえてきたり、美しい花が咲いていたり、きれいな湧き水で喉をうるおすこともできるの」

一瞬言葉をきった主婦は、

「だから辛い人生でも汗を流して頑張っていれば、いずれいい日がくるものなのよ。結婚して子供ができれば苦労の辛さなんか吹き飛んでしまうでしょうし、お酒を飲んだり好きなものを食べたり、旅行をしたりで楽しいこともできるのよ」

「そうやでぇ。楽しい思いをしようと一攫千金を目論んだりしたらろくなことにならん。大会社の社長だって苦労に苦労を重ねて地位を築き頑張っているんや。だから君も楽をして金を儲けようなどと思わず、汗を流して頑張りなさい。そうすればきっといい日がくるから……」

男の口調が柔らかくなった。

「はい！　よくわかりました。二度と悪事をせず一生懸命頑張ります」

「よし、わかった。それで今からどこへ行くつもりや。話の様子では帰る家もなさそうやが……」

「いいえ、腰を痛めるまで大阪の西成にいましたので、そこに帰って働こうと思います」

「おおっ、そうしなさい。まず働くことが先決問題や。今夜のことを忘れずに頑張りなさい」

そう言った男は、何を思ったのか妻女に向かって、

「一万円、渡してやりなさい」

と言ったのだ。私はその瞬間、ハッとして男の顔を見上げた。

現在のせちがらい世の中で、自宅に土足で侵入した賊を許す寛容な人もいないだろうし、私の嘘に同情して金まで恵んでくれたのである。その瞬間、私の目から滲み出た涙は真実のものだった。

●あれは刑事課長の家だった！

その後、二人に見送られて西成に戻った私は、二度と悪事をすることなく生活保護で生活をしていたのだが、2年後に思いがけない二人の人物が私の部屋に姿を現したのだ。

「名張署の生活安全課の者ですが……」

42～43歳の目付きの鋭い刑事が、私の目を凝視した。

2年前の夜半に職務質問をされそうになって逃走した事件のことである。自転車には防犯登録が記入されているので持ち主が私であることは一目瞭然。荷物の中には刺身包丁を入れていたので、銃刀法違反で逮捕されることは間違いない。その件で、いつ名張署の刑事がくるのだろうと、日々案じていたのだが、2年も経ってから刑事が訪ねてくるとはどうなっているのだろう？

山田と名乗った刑事は、

「あの夜、あんたが放置した自転車の登録番号から住所氏名がわかったので、西成署に調べてもらったところ『該当者は現在住んでいない』との返事だったので、先日までこの件は放置しとったんや。しかし君の荷物は2年以上保管することができない規定になっているので、再度西成署に調べてもらったところ、生活保護を受けてここに住んでいることがわかったので、自転車と衣類を持ってきたんや」

山田刑事が穏やかな口調で言うと、

「実はな、青木さん。もう一つ返納するものがあるんや。なんだと思う……？」

私の目を覗き込んだ。

「もう一つ……？」

「わからんか……。免許証（期限切れ）と住民基本カードの2点や。覚えがあるだろう」

「えっ！　どうしてそれが刑事さんたちの手にあるのですか？　二つとも2年ほど前に紛失したものですが……」

「どうしたもこうも、この二点は刑事課長の家に落としていったんやないか」

「ええっ！　刑事課長の家に落としたなんて、悪い冗談を言わないでくださいよ！」

「いや、冗談じゃないぞ。君は以前、阿部課長の家に侵入して投げ飛ばされたことがあったやろう。そのとき、廊下に落としたらしいぞ」

「えっ！　あの人が刑事課長……」

私は絶句した。

「あの人は私の上司でな。全国の柔道大会で二位になった猛者で〝鬼刑事〟の異名を持つほど有名な人なんやでぇ」

「そうなんですか……。そんな方の家に侵入するなんて」

「知らなかったとはいえ、刑事課長の家に侵入するとはな……」

「そうですね。私も長い間、悪事を重ねてきましたが、こんな経験をしたのは初めてですよ」

「そうやろうな。私も阿部課長から話を聞いたときは冗談だと思ったよ」

山田刑事は浅黒い顔に笑みを浮かべた。

「それで刑事さん。あの日から2年ほど経つのになんで今頃?」

私は脳裏に浮かんだ疑問を口に出した。

「あのとき君が残していった住民基本カードと免許証を阿部課長が郵送したそうだが、付箋付きで返送されてきたそうや。それで刺身包丁の件で指名手配されるのではと思った君が、姿を眩ましたものと今日まで放置していたそうや」

「そうなんですか。すみません」

「あとは先ほど言ったように君の住所がわかったので、自転車と衣類を持ってきたという次第や。ただし刺身包丁だけは没収したからな。これで銃刀法違反で追及されることもない。阿部課長のおかげやでぇ」

「いろいろご迷惑をおかけして申し訳ありません」

山田刑事が無言で頷いた。

●改心

「あ、それから阿部課長に伝言を頼まれたので、心して聞いてくれよ」

と、表情を引き締めた。

「阿部課長は『あのとき君が流したきれいな涙のことをいつまでも忘れんでほしい』と言っていたよ」

山田刑事は私の目を凝視して立ち上がった。

きれいな涙か……。呟く私の目に立ち去っていく山田刑事の後ろ姿が、阿部課長の後ろ姿に見えたのだった。

私はその後、法律に背くことはしていない。

“浜の真砂は尽きるとも世に盗人の種は尽きまじ”
——プロの泥棒が教える防犯対策——

“浜《はま》の真砂《まさご》は尽《つ》きるとも世《よ》に盗人《ぬすびと》の種《たね》は尽《つ》きまじ”

釜茹での刑に処せられた石川五右衛門の辞世の句ですが、まさに時代は変わっても泥棒の種は尽きることがなく、金銭欲に心を侵された数多くの犯罪者が虎視眈々《こしたんたん》と、あなたの家を狙い、いつ侵入してくるかわかりません。

いったん侵入されてしまうと、後は泥棒のしたい放題となり、場合によれば、大切な命まで奪われてしまう悲惨な結果になる可能性もあるのです。

皆さん、いいですか。家族や財産を守るのはあなた自身、誰も守ってくれないのです。

それらの事態を考慮して、あなたが不法侵入者の行為を完全に防ぐために、半世紀にわたって泥棒を続けてきた私が、自らの侵入手口を述べ、いかにして泥棒の侵入を防止すればいいのか、その対策方法を述べることにしましょう。

タイプはそれぞれ違いますが、まずは、多くの空き巣に共通する行動パターンについて説明したいと思います。

◆空き巣の狙いどころ

空き巣に共通する特徴を知っておくことは、空き巣を防ぐことになり、「敵を知る」ということは、やはり重要なのです。

まず、空き巣はいつも私たちの〝隙〟を狙っています。やたら侵入して盗みをしているわけではなく、仕事のしやすそうな家を吟味したうえで、狙いを定めて実行に移しているのです。

たまたま、玄関に鍵が掛かっていなかったから侵入してしまったという犯人もいるようですが、常習者の場合、何日も前からターゲットを決めて、犯行の決行日まで何度か現場の下見を重ねるのが基本中の基本なのです。

その家の住人は何人いるのか？　また何時に出かけて何時に帰ってくるのか？　など通行人を装い、ターゲットの生活パターンを割り出すと同時に、一戸建てであれば建物のまわりを一周して、人目につきにくい死角があるか、逃げ道は確保できるかなどをチェックします。

さて、数回の下見で大丈夫だと確信した犯人は、実行日の当日に、その家に人が本当にいないことを確かめることからはじめます。

そのとき、私たちの身のまわりにあるものが重要な材料になるのです。たとえば、洗濯物が前日から干しっぱなしになっているときなどは、旅行などで留守をしている証拠となるので、侵入した空き巣は時間をかけて屋内の隅々まで探すことができるのです。

郵便物や新聞も要注意。ポストに何日分もたまっていれば、しばらく家を空けていることを犯人に悟られてしまうので、新聞配達所に連絡して、新聞を止めてもらうようにしましょう。

日中にカーテンが引かれたままというのも、不在のシグナルになります。出かけるとき、屋内を覗かれないようにしっかりカーテンを引く人がいますが、これでは留守にしていることを周囲に知らせているようなものです。

また、在宅しているように見せかけるために、屋内の電灯を消さずにテレビのスイッチも入れておいたほうがいいでしょう。電気代がもったいないからと節約に励んでいると、その代償として大金や品物まで盗まれてしまう結果になってしまうのです。

しかし、仕事のできる空き巣は、本当に留守なのか？　とさらに確認に確認を重ねます。用心深い空き巣ほど、仕事のできるプロの空き巣といえます。

空き巣がよく使う手口に、犯行直前に電話をかけて在宅しているか、留守か、を確かめる方法があります。電話番号は住所から事前に調べておきますので、これで留守電になっていたり、誰も出ないようなら、留守である確証が高まるのです。

繰り返しになる部分もありますが、以下にポイントをまとめました。

◆電気メーター

電気メーターの針が動いていれば在宅している証拠ですから、空き巣は必ず事前に調べます。外出するときは必ずテレビや電気を点けてください。

◆廊下にカーテン

廊下にカーテンを引かないことです。空き巣は廊下にカーテンを引いているかいないかで留守か在宅かを判断するので要注意と思ってください。

◆隣家との間に路地

路地があれば人目につきにくく、空き巣は裏にまわって台所の入り口から屋内の様子を窺います。そうすれば留守か在宅か確実にわかるので、隣人と相談して何らかの対策を講じなければなりません。

◆塀は空き巣にとって最高の目隠し

空き巣は、当然ながら人目を嫌います。空き巣が最も好む場所は、国道からそれている通行人の少ない閑静な住宅地ですが、それらの場合はほとんどの家が塀や生け垣をめぐらせています。

しかし、塀や生け垣は他人の視線を遮断する利点はあるのですが、その反面、空き巣にとっても目隠しになってしまうのです。

したがって防犯の観点からすると、空き巣が登れないようにブロック塀の上部に先端を尖らせた鉄棒を15〜16センチの間隔をおいて埋め込み、さらにガラスを割った鋭い破片を多く埋め込むのです。そうしておけば、手袋をはめている侵入者でも塀に飛びつくことはできません。

備えあれば憂いなしで、あなたや家族の身を守り財産を守るためには、少々費用がかかっても、これくらいの守りは必要なのです。

◆生け垣も「守りは二重」にすべし

塀にも問題があることを述べましたが、生け垣はどうでしょうか？　風流とも思える生け垣は見た目にもやさしく、無粋なブロック塀の欠点を補ってくれます。しかし侵入者の立場から見れば、伸び過ぎた枝葉はブロック塀と同じ作用をして、通行人から死角をつくり、簡単にくぐり抜けてしまいます。

そこで防犯対策として、景観を損なうことなく、生け垣の内側にもう一つの柵をつくることです。普通の生け垣ではすり抜けられる恐れがあるので、その弱点を補うために、柑橘類の一種である「サンザシ」や「柊」などの、枝に棘のある樹木を植えるのです。

そうしておけば、空き巣が生け垣をくぐり抜けようとしても、衣類に引っかかって手の施しようがなく、空き巣も諦めて退散するしかありません。このように危機対応は、念には念を入れて二重の策を講じなければ万全とはいえません。

◆近所の人の目は動く防犯センサー

プロの泥棒は、侵入しようとするとき、狙った家より、近所の人が見ていないか、そのほうに神経を配ります。アマチュアや駆出しの空き巣はターゲットの家にばかり神経を集中してしまうため、窓から覗いていた隣人に通報されて現行犯逮捕となってしまうのです。

この例からもわかるように、近所の人の目は動く防犯センサーといっても過言ではなく、我が家の安全は近所とのつながりなしには考えられません。対人関係の煩わしさから近所付き合いが疎かになり、孤立した家庭が多くなっている現在ですが、それでは防犯への協力は得られないでしょう。

このように、自宅の守りを堅くするだけでなく、近所を中心に温もりの感じられる関係を築き、お互いが侵入者を近寄らせないのが防犯への第一歩だと思います。

◆「こんにちは」の声かけ

もともと犯罪者は神経質で、狙った家の近所で「こんにちは！」と声をかけられたり、立ち話をしながら視線を向けられたりすると、頭の中で危険信号が点滅しだして、侵入を諦めてしまうものです。見知らぬ不審者を見たら、まず「こんにちは」と声をかけましょう。

◆庭にも防犯上の工夫が必要

一戸建ての場合、賊が塀や生け垣を突破したら庭ですが、この庭にも第二の手段として防犯上の工夫をこらすことは可能です。といっても、大袈裟な仕掛けではありません。

たとえば、庭に砂利を敷きつめてある家がありますが、これは防犯上、非常に有効です。どう気をつけても歩くたびにジャリ！　ジャリ！　と音がするので、音を嫌う泥棒にとっては〝やりにくい〟環境になるのです。

砂利は浜や川から採取したものでなく、防犯グッズ店で販売しているものが高い音がするので、それにしましょう。

◆釣り糸センサーを設置する

釣り糸センサーとは、防犯ブザーの一端に釣り糸（透明テグス）をつけて、反対側にもつけたものです。その両端を賊が狙うであろう台所の入り口を中間にした二つの植木鉢の枝にくくりつけるか、入り口の左右に張ってもいいのですが、コツは緩まないようにピンと張ることです。

夜の侵入者はむろんのこと、空き巣の場合でも細くて透明な釣り糸に気づくことはないでしょう。釣り糸を張る高さは、地上から40センチほどが適当です。釣り糸センサーの長所は、ブザーが一度鳴りはじめると、誰かが止めない限り、鳴り響き続けることです。

空き巣でも夜の忍び込みでも、不意に鳴り出した音ほど嫌で動揺するものはありません。ブザーには強烈な音と光の出るものがありますから、こちらは夜の忍び込みに対して最適でしょう。

この釣り糸センサーは庭に限らずさまざまな場所に設置できるので、路地がある場合は隣家と相談して路地の間に張るとか、ドアを引いたりしたときに釣り糸が引っ張られてセンサーが作動するようにしておくとかしてみましょう。

そのほかに、台所の入り口、トイレや浴場の窓などにも応用でき、さらに、塀の上やベランダなどにも使用できる安価で便利な防犯グッズなので、ぜひ利用してみてください。

◆番犬

忍びや空き巣犯でも犬のいる家を嫌います。玄関の近くや裏側に大型の犬を繋いでおくとか、室内で小型犬を飼っていれば、防犯上、大いに役立ちます。犬の聴覚は人間の数十倍といわれるほど鋭いものですから、わずかな音にも反応します。犬が吠え出したらプロの泥棒でも逃げざるを得ません。

◆空き巣と対面したら

空き巣に入られるのは怖いと思いますが、もっと恐ろしいのは空き巣と対面してしまうことではないでしょうか。

空き巣も犯行に及ぶときは神経が鋭くなっていますから、見つかったときはパニック状態になり、恐怖心から家人に危害をおよぼすこともあるので、万が一、空き巣と対面してしまったときは、一人で立ち向かったり、大声で助けを呼んだりせず、空き巣と目を合わせないようにして黙っていることです。

空き巣はドライバーとか、自己保身のため刃物を持っている可能性があるので、大声を出したりすると殺害されることにもなりかねません。

◆窓の防犯ブザーで侵入を防ぐ

空き巣が侵入する箇所は、浴室の窓、便所の窓、台所のドアなど、ほとんどがこの3か所です。これらの窓はすべてガラスなので、金属や木でできた玄関のドアに比べて防犯性が低いため、これらの窓を強化する必要があります。

そこで窓専用の防犯センサーを紹介しますので利用してはいかがでしょうか。

窓用の防犯センサーにはさまざまなタイプがあります。窓と窓枠が離れるとブザーが鳴るマグネットタイプのもの、ガラスの破壊を関知する破壊センサー、窓の振動を関知するセンサー、窓に近づくと警告音が鳴ったり、ライトが点灯するものなどです。

これらの防犯グッズは2000~3000円で売っていて、自分でも簡単に取り付けることができるので、財産を守るためにも至急取り付けてください。

◆面格子の某犯行か

マンションやアパートの通路に面した窓や、一戸建て住宅の浴室や便所の窓、台所の窓は狙われる可能性の高い場所です。

こうした窓に面格子を取り付けて防犯に配慮しているところもありますが、面格子を取り付けていても安心はできません。ボルトが室内側からしか回せないものや壁に埋め込まれたもの、保護カバーがついたものなら簡単に外せませんが、剥き出しでボルトがつけられている面格子は、工具さえあれば手早く取り外しができてしまいます。

そこで、まずは、窓の格子が取り外しにくいものになっているか一度確認して、もし取り外しができるものなら、ボルトの頭をハンマーで叩き潰して外せないようにしておけば安全です。

◆鍵破りを撃退する防犯ブザー

仕事の荒い空き巣は、バールで玄関ドアを破ることもありますので、それに対して第二の砦となってくれる大きな音を出す防犯グッズを取り付けるとよいでしょう。これらの防犯グッズはかなり高価ですが、防犯センサーは高ければ高いほどよいというものでもありません。機器が精密になるとそれだけ故障しやすかったり、ちょっとしたことにも反応してしまったりと、かえって手がかかることがあるのです。

そこで、安くて確実に音を出してくれるものを一つ探しましょう。それは、携帯用の防犯ブザーを玄関用に活用するものです。この防犯ブザーは、ヒモを引き抜くと音が鳴るという単純なつくりです。これを玄関ドアの内側のノブにかけ、ヒモの先端をドア枠にかけます。空き巣が知らずに開けると、大きな音が鳴り響きますので、いくら大胆な空き巣でも逃げざるを得ません。自分がドアを開けるときは、ヒモを引き抜かない程度までそっと開け、ドアノブから外します。

鳴ったり鳴らなかったりする性能の悪いセンサーを買うくらいなら、こうした単純で確実なものを買ったほうが、いざというとき、よほど役に立つでしょう。

◆凶暴化しやすい「居空き」

「居空き」とは、家人が屋内にいるときに侵入する泥棒のことです。家に人がいれば、鍵が開いていたり、防犯装置を切っているので、留守中よりも侵入しやすいと居空きを専門にする泥棒もいるのです。

家人がいれば、現金を盗み出せる可能性が高くなるのです。というのは、現金をタンスの引き出しなどに貯め込んでいるという人でないかぎり、現金は財布に入れて自分で持ち歩くものですから、家に人がいるということは、つまり現金があるということになるのです。

居空きはとくに一戸建てを狙います。アパートやマンションに比べ部屋数が多いため、家に人がいてもすべての部屋に目が届いているわけではありません。家人が別室でテレビを見ていたり、二階にいたりすれば、気づかれることなく犯行におよぶことができるのです。

このように、居空きは居住者と対面する可能性も認識したうえでの犯行ですから、場合によっては「居直り強盗」になる可能性が高いので、そんなときはおとなしくお金を差し出してやりなさい。それが身を守る一番の方法だと思ってください。

◆空き巣はどんなときに犯行を諦めるか

①近所の人に挨拶をされたり、ジロジロ見られたときなど。

②ドアや窓に補助錠がついているとき。
③よく吠える犬がいるとき。
④機械警備システムがついているとき。

◆空き巣が狙う部屋や場所の順位

①**寝室**：貴重品を身近に置くのは人間の本能です。場数を踏んでいる空き巣は寝室に足を向けるのです。

②**居間**：居間は家族の団欒の場所であり、テレビやテーブル、机などを置いていて、テーブルの上に財布、机の引き出しなどにも現金を入れている場合があるので見逃せない場所なのです。

③**応接間**：裕福な生活をしている家では応接間がありますが、そこに現金を置いていたり、絵画を壁に掛けていたりするので、狙いどころでもあるのです。

④**台所の引き出し**：空き巣の場合、主婦が買い物に出かけているときは、当然ながら財布はありませんが、引き出しの中に、家計簿の間に挟んだ現金が意外と多くあるので、必ず探す場所です。

⑤**押し入れ**：布団の間に大金を突っ込んでいる場合があるので必ず探す場所です。また押し入れの下段に金庫を置いていることがあり、侵入者にとっては最高の獲物になります。金庫があれば、そこにお金を入れるのが原理ですから、ほかの場所を探す必要がなく手間が省けるのです。しか

し、重量のある大型金庫の場合は、時間を要するためその場でこじ開けることができないので、無念の思いで退散することになりますが、40キロ程度の金庫であれば、肩に担いで持ち出せるので要注意です。

100キロほどの重量がある金庫でも、2~3人の共犯がいれば簡単に運び出せるので、大型金庫だからと安心してはいけません。

そこで防犯対策として一番よい方法は、金庫を持ち出せないように、ボルトで金庫を床に固定するのです。そうしておけば、いかなる侵入者といえども手が出せないので、金庫を置いている方は一日も早く改善すべきです。

⑥**仏壇**：仏壇を荒らす罰当たりな泥棒はいないだろうと思っているらしく、仏壇の引き出しを金庫代わりにしている方が意外と多いのです。しかし自制心の弱い泥棒は、お金のためなら神聖な仏壇であろうとおかまいなく荒らすので、今後はほかの場所に移すべきでしょう。

⑦**タンスの下段の空洞**：空き巣であろうと夜の忍びであろうと、タンスの中は必ず調べますが、問題はその開け方です。熟練した泥棒は、一番下の引き出しから上に向かって開けていきますが、そのさい、下段の引き出しを抜き取って、底部の空洞を見ようとしません。プロといえどもミスをしているのです。下段の引き出しの下は、湿気を防ぐためと、引き出しを抜きやすくするために、12~13センチの高さがあり、中が空洞になっているので、お金の隠し場所としては金庫より

安全だと思いますが、この本を読む泥棒も数多くいると思いますので、今後は空洞に入れないでください。

⑧冷蔵庫の中：私自身、冷蔵庫の中に隠している大金を発見したことがありますが、それはお金を探そうとして冷蔵庫を開けたのではなく、牛乳を飲もうとして偶然に発見したものです。主婦は冷蔵庫なら大丈夫だと思ったのでしょうが、侵入した家で飲み食いする泥棒も多いので、冷蔵庫を金庫の代用にしないことです。

⑨天井：押し入れの上段の天井に、配線の都合でつくった40センチ四方の穴があり、そこに大金を隠しているときがあります。空き巣歴の少ない泥棒は、気があせってそこまで調べる気持ちの余裕はありませんが、プロともなれば見逃せない場所なので決して安全な場所とはいえません。

後は、鏡台、下駄箱、紙屑入れ、額縁の裏側、手紙の束などの中、トイレの屑入れ、風呂場、壁掛けの衣類のポケットなど、時間をかけて探すときもありますが、プロの泥棒といえどもそれ以外の場所に隠されると探しようがありません。

そこで提案ですが、まとまったお金を保管するときは、屋内ではなく物置とか駐車場のガラクタ物の中はいかがでしょう。車を使用していないときは車内に置かないことです。カバンなど座席の上に置いているとガラスを割られることがあるので要注意です。

◇　◆　◇

人は大切なものは身近に置きたいという気持ちが強く、屋内に保管する習性があります。これは、一考しなければなりません。場数を踏んだプロは、お金に匂いがあるように必ず探し出します。あなたの家も狙われていますよ。泥棒の目には、くれぐれも用心してください。

青木 一成（あおき かずなり）

1936年、三重県生まれ。

初犯は20歳のときで奈良少年刑務所に収監される。

以後、窃盗を重ねて、大阪刑務所、京都刑務所、名古屋刑務所、神戸刑務所などに15回入所。人生の大半を獄中で過ごす。前科21犯。

現在は悪事から足を洗い、貧しいながらも平穏な日々を送っている。

今だから話せる泥棒日記

2020年1月31日 第1刷発行

著　　者｜青木 一成
発 行 者｜千葉 弘志
発 行 所｜株式会社ベストブック
〒106-0041 東京都港区麻布台3-4-11
麻布エスビル3階
03（3583）9762（代表）
〒106-0041 東京都港区麻布台3-1-5
日ノ樹ビル5階
03（3585）4459（販売部）
http://www.bestbookweb.com
印刷・製本｜中央精版印刷株式会社
装　　丁｜株式会社クリエイティブ・コンセプト

ISBN978-4-8314-0235-6 C0076